经济高质量发展的关键期，
也是投入、建设、发展和研究社会建设的重点期，
使民生福祉更加普惠，社会治理更有弹性。

地方政府
社会建设绩效评估
—— 基于成都市的实例考察 ——

李晓壮　著

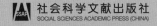
社会科学文献出版社
SOCIAL SCIENCES ACADEMIC PRESS (CHINA)

序

　　本书作者李晓壮，现为北京市社会科学院社会学研究所副研究员，博士学习受业于著名社会学家陆学艺先生，是我师弟，不过，他的年龄要比我小很多，陆学艺先生在世时，组织了"当代中国社会结构变迁研究"集体攻关的课题组，研究社会结构、社会建设等专题，我就是在参加这些课题组时与晓壮熟悉的，课题组持续了多年，我们也共事了多年，一起做调查研究，一起讨论，并成为很好的朋友。

　　晓壮聪慧好学，勤于思考，对很多问题有自己独立的见解，陆先生组织课题组集体讨论时，他时常发言，总能说到点子上，给我留下了很深的印象。晓壮很勤奋，主持了多个重要课题，写了不少文章，五年前，出版了专著《迈向均衡型社会——2020北京社会结构趋势研究》，现在又写了这本《地方政府社会建设绩效评估——基于成都市的实例考察》，真是很不容易。

　　社会建设这个专题，是陆学艺先生生命终止之前做的最后一个课题，陆先生主编了《当代中国社会建设》，书是出版了，但这项工作先生没有完成，他自己讲是刚刚破题，理论研究的任务还非常艰巨，现在有像晓壮这样的陆先生的弟子接着做社会建设的研究，继续先生未竟的事业，应当说是非常有意义的。

　　社会建设被列为中国特色社会主义"五位一体"中的"一体"，经济建设、政治建设、文化建设、社会建设、生态文明建设，可见，社会建设的重要。我们现在正在建设中国特色的社会主义，或者说实现中国的现代化，现代化的社会形态，是方方面面的，是社会整体进入一种崭新的境界，这种社会整体的现代化，大致可分为经济领域、政治领域、文化领域、社会领域、生态文明领域，这些主要的方面，缺哪一个都不行，哪一个成为短板，都会使整个社会的形态、质量大打折扣，所以社会的现代化是整个国家现代化不可或缺的方面。我国的经济建设、经济发展，经过改革开放以来的伟大实践，已经探索出了走社会主义市场经济的路子，实践证明，社会主义市场经济符合中国的实际，社会主义市场经济引导我们取得了今天这样的伟大成就，将我国的现代化建设事业推向一个新阶段，与经济建设相匹配的，政治领域、文化领域、社会领域、生态文明领域也应当有个新的制度安排，社会建设就是要寻找社会领域实现现代化的基本路子，或者说要将社会领域建设成为具有现代化理念、现代化特质的状态，可见，社会建设意义的重要。社会建设大致包括就业、收入分配、社会保障、利益分配格局、科教文卫事业、社会组织建设、社区、社会治理、社会结构等，就这些方面构建具有现代化特质的制度、机制，任务非常艰巨，同时，其意义是十分重大的。

当然，具有现代化特质的社会建设势态不可能一蹴而就，而是需要一个漫长的建设过程，在这个建设过程中，应当对社会建设的实践进展实施评估、监测，晓壮的这本著作就是在这方面作了新的探索。

成都，历来被称为天富之国，自然资源丰厚，是西北地区重要的中心城市，社会建设的成果明显，晓壮以成都市为实践样本，具备作为社会建设实践评估的基本条件。先生陆学艺在世时，成都一直是他观察的重要基地，晓壮跟随先生多年在成都作实地调研，积累了比较多的材料，当面聆听先生的指导，有了很多的思考，现在他写就这本著作，应当说是水到渠成、顺理成章。

对一个特定区域的社会建设进行监测、评估，在理论研究上还是一项新的事业，晓壮做这样的新探索，很有必要，很有意义，也很有勇气。看到后生有这样的气魄，做这样的事业，我感到非常高兴，所以，当他将书稿给我时，我认真读了，要求我为书写个序，我也答应了。

谨以这段话作为先读晓壮这本书的读后感，也作为对青年才俊理论成果的祝贺！

邹农俭

2020 年 8 月 17 日于南京

自　序

中国特色社会主义进入新时代。新时代最根本的特征之一是社会主要矛盾的变化。而这个社会主要矛盾的表现之一是"经济一条腿长、社会一条腿短"的发展不平衡不充分问题。紧扣新时代，抓住矛盾、化解矛盾，满足人民对美好生活的向往，最关键的钥匙之一是加强社会建设，实现社会现代化。当然，也只有加强社会建设，才能通向社会现代化之路。

综观社会建设政策的演进、理论内涵与外延的丰富、地方实践的推陈出新，对社会建设理论与实践而言仍是不平衡、不充分的，主要表现在两个方面：一是缺少系统的社会建设量化研究成果，二是缺乏以地域为例的社会建设考察。这对社会建设政策的完善、理论的改进、实践的创新是不利的。

那么，何谓社会建设？笔者的恩师陆学艺先生对此进行了学理性的界定。在他主编的《当代中国社会建设》一书中给出了符合中国研究实际的概念解释，所谓社会建设，就是指按照社会发展规律，通过有目的、有规划、有组织的行动，构建公平合理的社会利益关系，增进社会全体成员共同福祉，优化社会结构，促进社会和谐，实现社会现代化的过程。[①] 本研究正是基于这样的概念，洞察当前社会建设理

---

① 陆学艺主编《当代中国社会建设》，社会科学文献出版社，2013，总报告第18页。

论与实践不平衡、不充分的两个方面主要表现,以市域社区研究为视角,通过考察西部中心城市成都市社会建设实践,结合相关绩效理论,对其社会建设绩效进行实证性量化研究。

本研究的主要贡献,是吸收了前人的研究思想,按照社会建设的内涵与外延,结合成都市实际,研究设计了成都市社会建设绩效评估指标体系。这为社会建设量化问题研究提供了可参考的解决方案。这是第一个贡献。

本研究借助成都市委、市政府委托陆学艺先生"成都市社会建设规划"研究课题而展开,尤其是该课题研究过程中进行的"成都市社会建设状况调查问卷"为本研究提供了坚实的数据支撑,这为量化奠定了决定性基础。新时代的民生建设不仅要保障和改善民生,同时更需要有效回应"民声",这就需要在社会建设绩效评估方面引入居民满意度评价,弥补原有主要依赖客观指标评价的不足,与时俱进地开展更为科学的绩效评估。这是第二个贡献。

以往的社会建设研究大都是领域性的研究,比如民生领域、社会管理治理领域、社会事业领域等。这些研究是小切口、个别领域的研究,对加强社会建设有一定推动作用。但加强社会建设,尤其是了解社会建设整体性实践,不仅应聚焦社会建设的领域建设,还应该在地域(比如市域、县域等)范围内对社会建设的各个领域进行整体考量,打总体战、系统战,以全景轮廓反映该地域的社会建设水平。这是第三个贡献。

以上谈到的是主要论点、分析内容和主要回答的问题,以及可能称得上的几点贡献。还有一个方面的观点需要强调,在学术界领域争论的,也是在本研究中进行回应的问题,即关于社会建设是领域建设,还是主体性建设,换言之,是社会建设,还是建设社会。当然,这个争论至今也一直存在。结合陆学艺先生对社会建设概念的界定,笔者的理解是，社会建设既是社会领域的建设，也是社会主体性建设。也就是说，社会建设与建设社会不是非此即彼，而是相互联系、互相促进的。如此成立，则需要进一步研究的问题是社会建设与建设社会之间的融通机制问题，对此问题的探讨是至关重要的。它不仅可以更好地加强社会建设，顺利推进社会领域的建设，同时，也可以更好地通过社会建设来建设社会，培育社会的主体性，这便是社会建设就是实现社会现代化的主旨要义。可以想象，所谓的社会现代化，不是社会没有问题、没有矛盾，而是即使社会有问题、有矛盾，也能够通过社会的建设以及社会自身的主体性，能动地解决问题、化解矛盾。

本书的话题是老话题，从提出社会建设的概念至今已有 16 年。当时掀起了研究、实践社会建设的高潮，而随着时间推移，这种高潮有所消退，但这种消退并不意味着社会建设不重要，反而笔者认为进入新时代在以人民为中心的发展思想指引下，社会建设更为重要。例如，社会主要矛盾的变化，人民期盼有更好的教育、更稳定的工作、更满意的收入、更可靠的社会保障、更高水平的医疗卫生服务、更舒适的居住条件、更优美的环境，期盼着孩子们能成长得更好、工作得更好、生活得更好；又如，党的十九届四中全会报告中清晰呈现，新时代的社会建设是由以"民生保障制度"和"社会治理制度"为重要支点构成的。矛盾的转化、"两种制度"的确定，都说明社会建设更重要了，而且方向也更加明确了。继续掀起社会建设研究、实践的高潮已恰当其时！

希望本书的研究内容与观点能够为有此类研究兴趣的同志提供参考，当然本书还有很多不足之处恳请学界同仁多多批评指正！

李晓壮

2020 年 6 月于北京东城广内大街寓所

前　言

党的十六届四中全会一个重要的理论贡献是提出"社会建设"，成为中国特色社会主义事业"五位一体"总体布局的重要组成部分。党中央提出社会建设、加强社会建设，根本还是解决"经济一条腿长、社会一条腿短"的发展不平衡、不充分问题。从长远来看，社会建设实质上是实现中国特色社会主义现代化战略目标的必要重大举措。党的十八大提出到 2020 年"全面建成小康社会"的目标，而这个全面建成的小康社会是"五位一体"全面的小康。党的十九大提出在全面建成小康社会的基础上，开启全面建设社会主义现代化国家新征程，向第二个百年奋斗目标进军，即到 2035 年基本实现社会主义现代化，到 2050 年在基本实现现代化基础上全面建成社会主义现代化强国。[1]"基本实现""全面建成"的社会主义现代化也应该是"五位一体"全面的现代化。

如果说经济建设是建设经济的现代化，那么，社会建设就是建设社会现代化，[2]这是中国著名"三农"问题专家、著名社会学家陆学艺先生 2011 年给出的重大前瞻性理论判断。党中央正确的决策和构思，理论工作者前瞻性理论探索，共同将加强社会建设推向更为广阔

---

[1] 《党的十九大报告辅导读本》，人民出版社，2019，第 28~29 页。

[2] 陆学艺：《社会建设就是建设社会现代化》，写于 2011 年 5 月 16 日，后载于《社会学研究》2011 年第 4 期。

而深远的伟大实践。与此同时，社会建设的内涵与外延也发生了深刻转变，从以保障和改善民生为重点的社会建设，到"在改善民生和创新社会管理中加强社会建设"①，再到"提高保障和改善民生水平，加强和创新社会治理"②，最后到"坚持和完善统筹城乡的民生保障制度"和"坚持和完善共建共治共享的社会治理制度"③，形成了加强社会建设的民生和社会治理两个有力制度体系。有一些研究者认为，"社会建设"这个词提的不那么多了，是不是社会建设不重要了，从上述加强社会建设的制度角度来看，不是不重要了，而是更重要了。因为，通过不断地理论探索和构思，加强社会建设的重心更加明确了、更加清晰了，甚至已经上升到制度的高度。而且，从社会主要矛盾的变化，即"新时代我国社会主要矛盾是人民日益增长的美好生活需要和不平衡不充分的发展之间的矛盾"看出加强社会建设、补齐民生短板、创新社会治理、增进人民福祉、满足人民对美好生活向往的极端重要性。

本书汇聚社会建设内涵与外延的政策理论和学理解释，聚焦"地方政府社会建设绩效评估"这样的一个研究主题，目的是在地方政府将社会建设纳入考核时提供参考系，主要回答社会建设是什么，包括什么，怎样进行量化性的评估，评估的结果如何，以及如何改进评估结果推进社会建设实践工作。地方政府各领域的绩效评估本身是地方经济社会发展的重要"指挥棒"，将社会建设纳入考核，可以有效促进社会建设发展，让经济建设的成果能够更多地普惠民生，使社会建

---

① 《十八大报告辅导读本》，人民出版社，2012，第34~39页。
② 《党的十九大报告辅导读本》，人民出版社，2019，第44页。党的十八届三中全会首次将社会管理调整为社会治理，迈入社会治理的时代，见《中共中央关于全面深化改革若干重大问题的决定》，人民出版社，2013，第49页。
③ 《中共中央关于坚持和完善中国特色社会主义制度、推进国家治理体系和治理能力现代化若干重大问题的决定》，人民出版社，2019，第27~31页。

设尽快赶上来，补齐社会建设滞后于经济建设的短板，推动社会建设与经济建设协调发展。这在理论层面上，有助于丰富和发展政府绩效评估范畴；在实践层面上，有助于推进社会建设实践工作，促进政府职能转变，优化政府治理结构，树立科学的政绩观，统筹经济社会协调发展。

围绕"地方政府社会建设绩效评估"，通过对社会建设和政府绩效评估等相关理论与实践的梳理，按照现状分析—问题提出—理论基础建构—指标体系构建—实证研究—提出机制对策的思路展开研究。主要内容包括以下四个部分。

第一，地方政府社会建设绩效评估内涵界定与构成分析。对国内外社会建设和政府绩效评估的相关理论与实践进行梳理，对我国地方政府社会建设绩效评估现状进行深入剖析和判断，以此为研究基础，界定地方政府社会建设绩效评估内涵，是指对地方政府及其组成部门在加强和推进社会建设过程中，运用科学的方法、标准和程序，考核、研判其所取得"政绩"的评价，是对社会建设结果的评估。任何地方政府社会建设绩效评估的基础条件应该是建立在经济建设基础之上的人的福祉和社会全面进步。其构成包括民生社会事业绩效评估、社会管理绩效评估、社会结构绩效评估、社会规范绩效评估四个方面。

第二，建立地方政府社会建设绩效评估指标体系。以地方政府社会建设绩效评估理论为基础，基于结果导向的政府绩效评估管理模式，遵照指标体系设计原则与思路，利用调查数据，通过隶属度分析、相关分析、信度与效度分析等统计学方法对指标进行实证筛选。最后，构建由民生社会事业绩效评估、社会管理绩效评估、社会结构绩效评估、社会规范绩效评估四个领域共计 28 项指标（12 项满意度指标，16 项客观指标）构成的地方政府社会建设绩效评估指标体系，并给出了指标的具体解释。

　　第三，模型构建与实证研究。根据主客观绩效测量的特点，该部分研究包括两个层面，第一个层面是主观绩效测量，即地方政府社会建设绩效满意度评估的 SEM 模型与实证研究。在这部分研究中，引入满意度评价指标，利用 2011 年成都市 10 个区市（县级市）县 2000 份"成都市社会建设状况调查问卷"数据，通过结构方程模型方法进行模型建构，对模型进行再检验，确定满意度指标权重，并对这 10 个区市（县级市）县 2011 年的社会建设绩效满意度进行了实证评价，给出排序结果，分析了影响各区市（县级市）县社会建设绩效满意度水平高低的相关因素，得出评价结论。第二个层面是客观绩效测量，即地方政府社会建设客观绩效评估的 AHP 模型与实证研究。通过专家咨询法确定客观指标重要程度，利用层次分析法构建层次结构模型并确定指标权重。结合成都市 10 个区市（县级市）县 2001～2010 年 10 年客观指标数据，对这 10 个区市（县级市）县社会建设客观绩效进行了实证评价，给出排序结果，分析了影响各区市（县级市）县社会建设客观绩效水平高低的相关因素，得出评价结论。同时，通过主客观绩效测量的比较分析，得出主客观绩效测量之间具有很好的互补性关系。

　　第四，提出优化地方政府社会建设绩效的有效机制。优化地方政府社会建设绩效的有效机制，可以通过转变政府绩效理念、构建政府—市场—社会新型治理格局、完善绩效评估制度、建立保障机制、加强基础准备工作等五个方面来完善绩效评估工作，提高政府社会建设绩效水平，加快推进社会建设。

　　本研究提出了较为科学、系统、合理的地方政府社会建设绩效评估体系，为推进我国政府管理体制改革和加强政府社会建设绩效评估提供理论参考。在研究中，引入公众满意度评价的主观绩效测量方式，形成了与客观绩效测量的互补性关系，这一研究为政府绩效评估提供新的视角和观点。这些探索性研究为贯彻落实"认真实施体现科学发展观要求的综合考核评价办法，把领导社会建设的绩效列为考核内容……"树立正确的政绩观，为促进经济社会协调发展提供必要的实践支撑。

本研究寄希望于通过量化的方式对社会建设进行体检，以更好地推进社会建设，实现社会现代化。

目　录

第一章　导论

第一节　选题缘由与选题意义

改革开放以来，经济建设取得巨大成就，经济结构基本实现现代化。但是，现代化的社会结构还未形成，经济社会发展不平衡、不协调，社会建设滞后于经济建设，社会矛盾和问题日益凸显。党的十六届三中全会对中国经济社会形势作出深刻认识，指出"经济和社会发展必须相互协调，不能一条腿长，一条腿短"。党的十六届四中全会第一次提出加强"社会建设"的战略思想，特别是党的十七大专门就加强"社会建设"做了专题论述并写入党章，与经济建设、政治建设、文化建设共同构成"四位一体"的中国特色社会主义事业总体布局。① 这一变化对政府职能转变、加强社会建设提出新的时代要求。党的十六届六中全会通过的《中共中央关于构建社会主义和谐社会若干重大问题的决定》强调，要"认真实施体现科学发展观要求的综合考核评价办法，把领导社会建设的绩效列为考核内容，增强领导班子和领导干部统筹经济社会发展的能力"。与此同时，各级政府积极探

---

① 党的十八大报告将生态文明建设纳入中国特色社会主义事业总体布局，形成经济建设、政治建设、文化建设、社会建设、生态文明建设"五位一体"的中国特色社会主义事业总体布局。

索社会建设考核评价体系来加强和推进社会建设。本书研究发现，寻求地方政府社会建设绩效评估理论突破，为地方政府提供可参考的社会建设绩效评估体系框架具有重要的现实意义。

一　选题缘由

（一）社会建设滞后于经济建设的问题比较突出

改革开放以来，中国始终坚持以经济建设为中心，经济建设取得巨大成就，经济结构基本实现现代化，并处于工业化中期阶段。经济的高速发展带动社会结构深刻变革，在经济建设取得巨大成就的同时，社会建设也取得很大进步，但是，经济社会发展不平衡、不协调问题却日益突出。根源在于，当前社会结构滞后于经济结构大约15年。[①] 也就是说，社会结构仍处于工业化初期阶段，还未形成与现代化经济结构相匹配的现代化社会结构，社会建设相对于经济发展处于滞后状态。党的十九大在充分分析当前形势的基础上，强调"中国特色社会主义进入新时代，我国社会主要矛盾已转化为人民日益增长的美好生活需要和不平衡不充分的发展之间的矛盾"。社会建设滞后于经济建设的不平衡不充分的发展之间的矛盾正是新时代社会主要矛盾的主要表现。

（二）社会建设理论提出为构建地方政府社会建设绩效评估体系奠定理论基础

2004年，党的十六届四中全会第一次提出"社会建设"概念。2005年，中共中央举办的省部级主要领导干部专题研讨班开班式上，胡锦涛同志明确提出"中国特色社会主义事业的总体布局由社会主义

---

① 陆学艺主编《当代中国社会结构》，社会科学文献出版社，2010，第31页。

经济建设、政治建设、文化建设三位一体发展为社会主义经济建设、政治建设、文化建设、社会建设四位一体"。2006 年，党的十六届六中全会要求"推动社会建设与经济建设、政治建设、文化建设协调发展"，同时这次会议还提出"认真实施体现科学发展观要求的综合考核评价办法，把领导社会建设的绩效列为考核内容，增强领导班子和领导干部统筹经济社会发展的能力"。2007 年，党的十七大报告第八项专题提出"加快推进以改善民生为重点的社会建设"，明确了社会建设的发展方向和重要内容。2012 年，党的十八大报告第八项专题提出"在改善民生和创新社会管理中加强社会建设"①，丰富了社会建设的内容。2017 年，党的十九大报告第八项专题提出"提高保障和改善民生水平，加强和创新社会治理"②，进一步拓展了民生内涵的深度，民生内涵从"改善民生"跃升到"提高保障和改善民生水平"的程度，同时，用社会治理替代了社会管理。由此可见，从社会建设概念提出到理论体系不断完善，民生和社会治理成为社会建设的两个重要理论支点，这为地方政府社会建设绩效评估研究奠定坚实的理论基础和实践依据。

（三）地方政府社会建设绩效评估研究处于初始阶段

当前，学术界关于社会建设的讨论和政府绩效评估的讨论较为广泛，但将两者结合加以系统、深入研究的成果并不多。从研究状况看，与地方政府社会建设绩效评估相关的研究成果主要有两篇。一篇是关于"政府社会建设绩效评估框架体系探讨"，此文中初步构建了政府社会建设绩效评估的框架体系；③ 另一篇是对地方政府社会

---

① 《十八大报告辅导读本》，人民出版社，2012，第 34 页。
② 《党的十九大报告辅导读本》，人民出版社，2017，第 44 页。
③ 陈天祥：《政府社会建设绩效评估框架体系探讨》，《中山大学学报（社会科学版）》2009 年第 2 期。

建设绩效考核指标体系进行探讨。① 这两篇文献均只是对指标体系框架性构建进行了分析，既没有对社会建设理论展开深入探讨，也没有对地方政府社会建设绩效评估概念进行界定，也没有实证分析。从总体上看，地方政府社会建设绩效评估研究仅处于初始阶段，亟待加强。

二 选题意义

（一）有利于探索和构建地方政府社会建设绩效评估体系

社会建设理论是党和国家关于中国特色社会主义理论的独创，具有鲜明的时代特征。2004 年，党的十六届四中全会首次提出"社会建设"概念②，党的十七大之后，社会建设成为政府和学界共同关注的焦点。但是，社会建设建什么，怎么建，如何评估等基本理论问题还没有得到根本解决，导致地方政府在加强和推进社会建设实践过程中具有较大的盲目性。学术界关于地方政府社会建设绩效评估研究尚处于起步阶段，地方政府社会建设绩效评估内涵与构成尚未界定，评估指标体系尚未构建，实证研究尚未开拓，制度安排有待健全，因此，客观要求尽快加强地方政府社会建设绩效评估基本理论研究，探索和构建符合中国特色的地方政府社会建设绩效评估体系。

（二）有利于推进地方政府社会建设实践工作

党的十七大以来，一些地方政府积极探索加强和推进社会建设实

---

① 张占斌：《关于地方政府社会建设绩效考核指标体系的初步探讨》，《学习论坛》2009 年第 9 期。

② 陈天祥：《政府社会建设绩效评估框架体系探讨》，《中山大学学报（社会科学版）》2009 年第 2 期。

践工作，取得一些成绩，但总的来说还处于"摸着石头过河"的阶段。其中很重要的原因，就是没有一套社会建设考核指标体系，这使得地方政府不仅无法测量社会建设现状，也无法形成有效抓手来考核督促领导班子和领导干部抓好社会建设，那么，社会建设实践工作也就很难推进。笔者师从中国著名"三农"问题专家、社会学家陆学艺先生从事社会建设方面的研究，因为他晚年的主要精力集中在研究社会建设理论与实践问题，呼吁各级政府要加强社会建设。恰逢 2010 年受成都市委、市政府委托承担"成都市社会建设规划研究"课题，① 通过课题组深入调查研究，课题组总体认为成都市社会建设实践能够反映中国特色社会主义社会建设的基本面貌。因此，选取成都为典型市域（都市）社区，收集研究所需数据和资料，构建地方政府社会建设绩效评估指标体系，进行实证研究。这对全国其他地方政府制定社会建设绩效考核指标体系，将社会建设纳入考核内容，增强领导班子和领导干部统筹经济社会协调发展的能力，以及摸清社会建设水平等问题具有重要借鉴意义。

（三）有利于促进地方政府树立符合新发展理念的科学绩效观

改革开放以来，我国实现"以阶级斗争为纲"到"以经济建设为中心"、从半封闭到改革开放的深刻转变，改革经济体制，确立社会主义市场经济体制，促进经济快速发展，取得巨大成就。在此过程中，起着内在激励作用的经济绩效考核发挥了至关重要的作用。在经济绩效考核背景下，地方政府经济职能得到强化，抓好经济工作成为考核领导干部的主要指标，经济绩效取代政治挂帅，② 追求 GDP 成为官员

---

① 本研究是"成都市社会建设规划研究"课题的子课题"成都市社会建设评价指标体系"的研究成果。

② 沈立人、戴园晨：《我国"诸侯经济"的形成及其弊端和根源》，《经济研究》1990 年第 3 期。

晋升的重要条件。[①] 长期以来，一些地方政府过度强调经济发展，推崇赶超型 GDP，确实促进了经济增长，但是，经济增长并不等同于经济发展，由过度强调经济增长带来的负效应也十分显著。诸如经济社会发展不平衡、不协调，城乡差距持续拉大，收入分配过度不均，社会矛盾和问题凸显等社会不和谐因素增多。因此，要扭转片面的绩效观，树立符合新发展理念要求的科学政绩观，在强调经济建设绩效考核的同时，要更加重视社会建设绩效方面的考核，以解决经济社会发展不平衡、不充分的矛盾问题。

第二节 文献回顾、特征与问题提出

一 国外研究现状与特征

国外并没有"社会建设"这一提法，当然也就没有专门针对社会建设领域的政府绩效评估。但是，国外关于政府绩效评估发展阶段、评估模式以及绩效评估制度体系等理论和实践可以为本研究提供借鉴和启示。

（一）美国：从效率优先到结果优先

美国政府绩效评估实践发端最早，至今已经有 100 多年的历史，而且历届政府在行政改革时都十分重视政府绩效评估，绩效评估已经实现制度化。

1. 美国政府绩效评估的演进

美国行政学院学者威廉姆斯（Williams，D. W.）研究发现，美国

---

① 周黎安：《中国地方官员的晋升锦标赛模式研究》，《经济研究》2007 年第 7 期。

政府绩效评估最早可以追溯到 1906 年成立的纽约实证研究院（New York Bureau of Municipal Research），该院首次把以效率为核心的绩效评估技术应用于纽约市政府及其职能部门的绩效评估实践中，从而开启美国政府绩效评估的最早尝试。[①] 关于美国政府绩效评估的演进过程，不同学者以不同的学科视角给予了不同的划分。

美国学者吉尔特·波科特（Geert Bouckaert）以公共行政的价值理念为标准，把美国政府绩效评估的演变划分为 4 个阶段，[②] 即效率政府时期的绩效评估、行政官员时期的绩效评估、管理者政府时期的绩效评估和私营部门时期的绩效评估。而且，他将美国政府绩效评估的途径划分为产出评估和结果评估，并指出两种绩效评估途径的优缺点：产出评估的积极方面是为政府决策和预算提供科学依据，却忽视政府活动的社会效果；结果评估的积极方面是把关注点转向政府提供公共产品或服务的最终目的——有效性上，其消极方面是效率和有效性混杂在一起，资料繁杂，忽视产出。

美国学者尼古拉斯·亨利（Nicholas Henry）从行政学的视角将美国政府绩效评估发展进程划分为 5 个阶段，[③] 即第一阶段（1900～1940 年）为效率阶段，以好政府为目标；第二阶段（1940～1970 年）为预算阶段，以控制开支为目标；第三阶段（1970～1980 年）为管理阶段，以效率和效益为目标；第四阶段（1980～1992 年）为私有化阶段，以精简政府为目标；第五阶段（1992 年至今）为重塑政府阶段。

---

① Williams，D. W.，"Measuring Government in the Early Twentieth Century"，*Public Administration Review*，2003（6）：643－659.

② Bouckaert G.，"The History of the Productivity Movement"，*Burke Chatelaine Press*，1995，3（1）：97－115.

③ 〔美〕尼古拉斯·亨利：《公共行政与公共事务》（第八版），张昕等译，中国人民大学出版社，2002，第 7 页。

2. 美国政府绩效评估的模式

根据吉尔特·波科特和尼古拉斯·亨利对美国政府绩效评估阶段的划分来看，美国政府绩效评估基本模式起始于效率导向的政府绩效评估。效率导向的政府绩效评估关心投入和产出情况。20 世纪 80 年代之前，效率导向型模式占主导。但是，效率导向忽视政府提供公共产品或服务的质量和社会效果等因素，偏离政府的公共属性。

结果导向型评估的关注点是政府提供公共产品或服务的社会效果，而不是投入和产出。自 20 世纪 90 年代以来，随着结果管理运动的兴起，结果导向型评估逐渐取代效率导向型评估成为当代美国各级政府绩效评估的主导模式。① 结果导向型评估的代表人物英国学者哈特瑞·P. 哈瑞（Hatry P. Harry）指出，"结果导向型评估之所以是政府绩效评估的重心，根本原因在于政府提供公共产品或服务的最终目的并不在于公共产品或服务本身，而在于他们对公众、使用者或纳税人所产生的影响，虽然产出必不可少，但关注的重心却应当是结果和社会影响"②。

进入 20 世纪 90 年代中期以后，帕特莉莎·W. 英格拉姆（Patricia W. Ingraham）建构了管理导向型评估模式，认为传统政府绩效评估模式只着眼于政府活动的投入、产出或结果，而忽视政府的管理过程和管理能力，这是不科学的。③ 因为，政府绩效实际上是在管理过程中产生的并受管理能力的影响。因此，政府绩效评估应当是对政府管理过程和能力的评估。政府绩效评估的三种模式，如图 1-1 所示。

---

① 张强：《美国联邦政府绩效评估研究》，人民出版社，2009，第 5 页。

② Hatry P. Harry, How Effective are your Community Services?, Washington, DC: Urban Institute and International City/County Management Association, 1992, p66.

③ Patricia W. Ingraham, Philip G. Joyce, Amy Kneedler Donahue, "Government Performance: Why Management Matters", *Policy Ences*, 2003, 38 (4): 293-298.

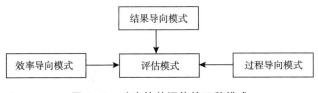

图 1 - 1　政府绩效评估的三种模式

3. 美国政府绩效评估的制度化

美国联邦政府十分重视绩效评估与管理的制度化。1928 年美国成立的"全国市政标准委员会"（National Committee on Municipal Standards）是美国公共部门绩效评估的始作俑者。[①] 这一时期，西蒙（Herber A. Simon）与其导师克拉伦斯·E. 里德利（Clarence E. Ridley）对市政绩效评价问题进行了深入研究，1938 年其经典著作《市政活动的测量》（*Measuring Municipal Activities*）一书出版，为政府绩效评估运动注入活力。1949 年，第一届胡佛委员会报告的发表促使联邦政府推行绩效预算，1950 年，国会又通过《预算与会计程序法》，在联邦政府中推广绩效预算。[②] 20 世纪 60 年代，尼克松时期，美国政府出台《项目、计划和预算系统》（Program Planning and Budget System，简称 PPBS）。卡特政府时期，美国政府试图通过《公务员改革法》（*Civil Service Reform Act*）来促进政府人事管理制度的改革，在这期间引入了绩效工资方法。到克林顿政府时期，为应对公众要求精简政府机构、强化对政府的监督以及提高政府工作效率的呼声，克林顿政府成立以戈尔为首的"国家绩效评审委员会"（National Performance Review，简称 NPR）。同年，委员会发表名为《从繁文缛节到结果导向——创造一个花钱少、工作好的政府》（简称《戈尔报告》）的报告，标志着美

---

① 〔美〕尼古拉斯·亨利：《公共行政与公共事务》（第八版），张昕等译，中国人民大学出版社，2002，第 7 页。

② 高洪成：《"异体评估"视域下的政府绩效评估研究》，东北大学出版社，2009，第 23 ~ 24 页。

国"政府再造运动"正式拉开序幕。1993 年，美国国会通过《政府绩效与结果法案》（*The Government Performance and Results Act*，简称 GPRA），要求联邦政府所有部门都要在试点的基础上建立和实施绩效管理系统，联邦政府的各机构要在每个财政年度后向总统和国会提交上一财政年度的绩效报告。GPRA 规定，联邦各机构绩效管理的内容包括三大项：绩效战略规划、年度绩效计划和年度绩效报告。[①] GPRA 作为美国政府绩效管理的基本法律，是美国政府绩效评估法制化的延续，标志着美国政府绩效评估和管理走上法制化轨道。2001 年，小布什政府开始实施"总统管理方略"，并于 2002 年颁布《总统管理日程》（The President Management Agenda），该议程包括五个目标：改善人力资本的战略化管理；扩大电子政府；挑起公、私部门之间的竞争，并对那些以最高的效率、效力和最好的价格完成政府工作的组织进行奖励；改善财务绩效；将预算与绩效挂钩。[②]

（二）英国：从效率优先到质量优先

英国是政府绩效评估与管理开展应用比较成熟的国家之一。20 世纪 70 年代末，西方各国政府面临严重的财政危机、管理危机、信任危机和合法性危机，将英国政府绩效评估研究推向高潮。

1. 英国政府绩效评估的演进

考察英国政府绩效评估演进过程，可以划分为发端阶段、蓬勃发展阶段、规范化制度化 3 个阶段。[③]

第一，19 世纪的发端阶段。19 世纪中叶前，英国中央政府和地方

---

① 高小平等：《美国政府绩效管理的实践与启示——"提高政府绩效"研讨会及访美情况概述》，《中国行政管理》2008 年第 9 期。
② 杜兰英、张珊金：《美国政府绩效评估研究的回顾与评析》，《江淮论坛》2006 年第 6 期。
③ 廖昆明：《英国的政府绩效管理体制和几点启示》，《公共管理高层论坛》2007 年第 1 期。

政府的关系是以政治、司法监督和审计 3 种传统的责任机制为基础。19 世纪中叶的改革运动改变了地方性的监控责任机制，代之以一种在中央政府和相关的独立委员监督下，有地方官员履行职责的行政体制。自 19 世纪以来，英国中央政府对地方政府的监察功能是以效率为核心内容的，如图 1 - 2 所示。[①]

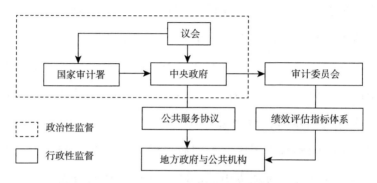

图 1 - 2　英国政府绩效管理的体制结构

第二，20 世纪 60 ~ 80 年代，蓬勃发展阶段。公共部门绩效评估在英国的应用最早是在 1968 年。当时，英国的王室土地监督局、国内税务局以及就业局开始发布各部门的整体生产率指数，并拟定各种绩效指标用以衡量下属部门的工作[②]。20 世纪 70 年代，西方各国政府面临严重的财政危机、管理危机、信任危机和合法性危机，撒切尔夫人上台后大力推行行政改革，主张运用私营部门的管理技术和方法对传统政府行政体制进行革命性的改革，先后推出"1979 年雷纳评审"（Rayners Scrutinizes）、"1980 年部长管理信息系统"（Management Information System for Ministers）、"1982 年财务管理新法案"（Financial Management Initiative）、"1988 年下一步行动"（The Next Steps）。

---

① 廖昆明：《英国的政府绩效管理体制和几点启示》，《公共管理高层论坛》2007 年第 1 期。
② Greenwood，John，David Wilson，Public Administration in Britain Today，New York：Unwin Hyman，pp. 131 - 132.

第三，20 世纪 90 年代规范化制度化阶段。1991 年，英国首相梅杰政府为迎合民众对一个更加公开化、更具响应性和更负责的政府的期望，提出"公民宪章"。"公民宪章"运动标志着政府行政态度的一种转变，即承认政府应该而且也有能力满足一些公共服务标准。1997年英国工党政府执政后，以"最佳价值"作为其推行政府绩效改善运动的核心理念。1998 年，工党政府在题为《现代化地方政府》（绿皮书）的政府文件中提出，要通过推行"最佳价值"运动方式来提升地方政府服务的质量与绩效。1999 年 7 月，英国通过《地方政府法——最佳价值》，具体化了"最佳价值"体制的实施基本原则①。

2. 英国政府绩效评估的模式

根据评估的侧重点不同，英国政府绩效评估与管理可以分为两种模式，一是以经济、效率为中心的政府绩效评估与管理模式；二是以管理模式和质量为本的政府绩效评估与管理模式。20 世纪 70 年代末到 80 年代中后期，政府绩效评估的侧重点是经济和效率，追求的是投入与产出比率的最大化。这期间，英国各级政府为经济、效率和效能的"3Es"作出了决定性的努力。从 20 世纪 80 年代末开始，随着效益和质量被重视，政府绩效评估的侧重点转向效益和顾客满意度，质量逐渐被提到重要的地位②。英国政府绩效评估从开始重视效率，最后转移到重视质量评估。因此，英国政府绩效评估模式是从经济（Economy）＋效率（Efficiency），到经济＋效率＋效益（Effectiveness）＋质量＋顾客满意度的要素不断增加和完善的过程。所以，卓越认为政府绩效评估其实是一个由要素组成的结构。③

---

① 张志超等：《英国地方政府绩效管理制度运作的经验与启示》，《华北水利水电学院学报（社会科学版）》2007 年第 6 期。

② 范柏乃：《政府绩效评估与管理》，复旦大学出版社，2007，第 41 页。

③ 卓越主编《政府绩效管理概论》，清华大学出版社，2007，第 1～5 页。

3. 英国政府绩效评估的制度化

英国政府绩效评估得以顺利推进，并形成体系比较完备的制度，其政府绩效评估相关法案的制度化提供了重要保障。英国从"雷纳评审计划"开始就以管理规范的形式开展政府绩效评估。1982 年英国颁布《地方政府财政法案》。英国政府成立公民宪章领导小组，推动公民宪章运动，并发表《公民宪章》。为推进地方政府绩效评估，1999 年英国政府颁布《地方政府法案》，赋予中央政府确定和发布所有"最佳价值"当局都必须达到的绩效目标和标准，检查和评估地方政府是否达到其绩效目标和标准以及确定检查与评估方式的权利。① 法案的提出进一步明确政府绩效评估的战略导向，也标志着英国政府绩效评估走上法制化轨道。

（三）日本：侧重政策评估

日本，作为亚洲最先崛起的国家，由于历史因素，在发展道路上与西方联姻，在内生机制上却与中国古代儒家文化"筷子文化"一脉相承。日本是在 20 世纪 50 年代开始快速腾飞，到 20 世纪 80 年代通过"第二次高速增长"完全赶上西方发达国家的水平，② 实现现代化。但是，在经历 20 世纪 70 年代两次石油危机，以及 1990 年泡沫经济破灭，加之受西方新公共管理运动兴起的影响，为解决行政僵化、财政危机、政府信任危机等方面问题，日本开始开展政府绩效评估活动。我国学者袁娟对日本政府绩效评估进行了深入细致的研究。③

① Association I. C. M. , "How Effective Are Your Community Services? Procedures for Measuring Their Quality", *Institute & International City/county Management Association*, 1992.

② 〔日〕富永健一：《日本的现代化与社会变迁》，李国庆、刘畅译，商务印书馆，2004，第 310 页。

③ 袁娟：《日本政府绩效评估模式研究》，知识产权出版社，2010。

1. 日本政府绩效评估的演进

日本政府绩效评估大致可以划分为 3 个阶段。

第一阶段，行政评价制度的探索阶段（1994～1997 年），1994 年，静冈县开始进行行政业务盘点活动。1995 年，日本制定《地方分权推进法》。同年，三重县的北川知事在就任以后开始推行行政改革，1996 年引入"事务及事业评价系统"，实施作为行政改革核心内容的事务及事业评价。与此同时，北海道 1996 年导入"适时评价"。1996 年神户市导入事务及事业评价。1997 年日本行政改革会议最终报告建议导入政策评价，作为国家行政改革的一环，中央政府层级的省厅开始实施再评价制度。

第二阶段，行政评价制度的发展阶段（1998～2000 年）。2000 年，日本实施地方分权一揽子法，内阁会议确定行政改革纲要，中央省厅开始机构改革，总务省设置行政评价局。同时，日本设置市町村合并本部，作为居民社区工具导入行政评价。

第三阶段，行政评价制度的全面实施阶段（2001～2003 年）。2001～2003 年，日本各级地方政府全面展开形式各异的绩效评估。2000 年 1 月，日本在总务省设置行政评价局；2001 年，日本设置地方分权改革推进会议，总务省开始进行导入行政评价的现状调查；2002 年，日本开始实施关于行政机关进行政策评价的法律。在都、道、府、县层面，2001 年，宫城县制定全国首个行政评价手续条例，2003 年该县导入业务管理系统；2002 年，三重县启动政策推进体系。在政令指定都市层面，2001 年，福冈市开始业务盘点；2002 年，神户导入经营品质管理；2003 年，广岛市发布工作宣言。

2. 日本政府绩效评估的模式

在日本，政府绩效评估通常被称为"行政评价"。比如，在机构上，日本政府绩效评估的责任部门设在总务省，名叫行政评价局。在

日本政府绩效评估实践中，频繁使用的两个概念是"行政评价"和
"政策评价"，这与日本的政府管理体制密切相关。由总务省出台政策
并监督检查、在中央政府层级开展的政府绩效评估被称为"政策评
价"，有的地方政府自主进行的政府绩效评估在自发兴起阶段一般被
称为"行政评价"，在国家层面实施政策评价法之后，绝大多数地方
政府的绩效评估都以政策体系分析为核心，进行政策评价。在由政策、
措施、事业构成的政策体系的评价实践中，国家层面较多采取自上而
下进行政策评价，地方政府较多采取自下而上进行事业评价和措施
评价。

3. 日本政府绩效评估的制度化

日本政府绩效评估开始于 20 世纪 90 年代，主要特点是侧重于对
国家各部门的政策评价，旨在提高政策的可操作性和实效性，形成符
合日本政治体制特色的政策评价制度。相对于日本地方政府政绩评估
的实践与立法，日本中央政府绩效评估的立法相对滞后。日本政府绩
效评估的立法体制是中央和地方分别立法实施的。1997 年，中央政府
才开始对行政进行探讨，而绩效评估法律框架的形成主要集中在 2001
年。在 2001 年中，日本政府先后制定《关于行政机关实行政策评价的
法律》、《关于政策评价的基本方针》和《关于政策评价的标准指导意
见》。2003 年，日本政府对《关于行政机关实行政策评价的法律》进
行了修订。2005 年，日本政府对《关于政策评价的基本方针》和《关
于政策评价的标准指导意见》进行了修订。自此，政策评价制度开始
从引进和探索阶段进入真正的应用阶段，迎来一个"评价新时代"。

（四）国外地方政府社会建设绩效评估研究的特征

第一，从国外政府绩效评估发展的历程来看，特别是由于新公共
管理运动兴起，无论作为政府的统治者，还是作为学术的研究者，都

对政府绩效评估、政府绩效管理、政府行政改革等产生了浓厚的关切和兴趣，正是来自社会民权运动"倒逼"政府自身改革的觉醒和学者的关注形成合力，促进国外政府绩效评估发展，同时化解当时的财政危机、政府信任危机等方面问题。

第二，从评估模式来看，从注重效率（投入/产出）评估，发展为注重实际效果评估、管理过程评估，同时，考虑了更多"以人为本"和社会影响因素，如顾客导向、公众满意度等的测量。

第三，从美、英国家政府绩效评估发展阶段和法治化过程等特征考察，政府绩效评估的行为是自上而下推行的，随着实践的不断推进，政府绩效评估走上法治化轨道。而日本政府绩效评估与美、英不同，其重视政策评估，而且其评估实践是从地方政府开始生根，进而影响中央政府。

二　国内研究现状与特征

（一）社会建设与政府绩效评估相结合的研究

"社会建设"与"政府绩效评估"是当前国内政界、学界研究的重点理论性问题，也是媒界和社会公众共同关注的重大现实性问题。中央提出"社会建设"理论是在 2004 年，但关于"社会建设"研究文献 2005 年才开始出现，并且数量呈逐年上升趋势。近几年对"社会建设"的研究文献主要集中在"社会""社会建设"基本内涵和概念界定，① 社会建设内容的讨论，② 社会建设相关理论的国内外梳理，③

---

① 郑杭生、杨敏：《关于社会建设的内涵和外延——兼论当前中国社会建设的时代内容》，《学海》2008 年第 4 期。

② 梁树发：《关于社会主义社会建设的几个问题》，《东岳论丛》2005 年第 6 期。

③ 李培林、苏国勋等：《和谐社会构建与西方社会学社会建设理论》，《社会》2005 年第 6 期。

社会建设任务、原则和途径①研究等方面。通过 CNKI 期刊全文数据库，以篇名"社会建设"为检索词，精确查找，并对文章标题、内容进行细致筛选，排除不紧密相关文献，确定紧扣"社会建设"主题的 2005～2010 年学术关注度，② 如图 1-3 所示。

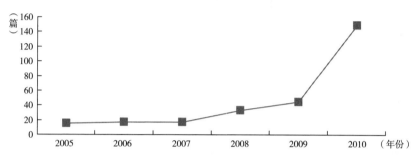

图 1-3　2005～2010 年 CNKI 期刊全文数据库中关于
"社会建设"的学术关注度

作为组织绩效评估的政府绩效评估研究思想源自企业绩效评估。西方发达国家 20 世纪 70 年代，为了解决经济停滞、管理危机、财政危机和公众对政府满意度下降等问题，掀起"政府再造运动"，政府绩效评估得到大发展，理论体系越趋成熟。

中国有关政府绩效评估的研究可以追溯到 20 世纪 90 年代，但发展比较迟缓，目前尚处于起步阶段。相关的研究文献主要包括：对国外政府绩效评估理论和实践成果的介绍和阐述，政府绩效评估价值取向、理念的研究，政府绩效评估主体、机制的研究，政府绩效评估指

---

① 陆学艺：《社会建设就是建设社会现代化》，《社会学研究》2011 年第 4 期。
② 学术关注度是以 CNKI 期刊全文数据库中与篇名最相关的文献数量为基础，统计篇名作为文献主题出现的次数，形成的学术界对某一学术领域关注的量化表示。需要说明的是，本处的文献综述并未进行年代的延伸，正如自序中所言，此书为在笔者博士论文基础上修改完成的，在处理文章的框架结构出现了很大的困难，因为，中国特色社会主义理论是不断发展的，社会建设的理论与实践也是与时俱进的，但是，中国特色社会主义理论的基本原理是一致的，所以，从总体上应该不会影响对此问题的研究与探讨。

标体系和评估方法的研究，政府绩效评估满意度、公众参与的研究，以不同主题建构政府绩效评估体系和治理对策等。通过 CNKI 期刊全文数据库，以篇名"政府绩效评估"为检索词精确查找，并对文章标题、内容进行细致筛选，排除不紧密相关文献，确定紧扣"政府绩效评估"主题的 1994～2010 年学术关注度，如图 1－4 所示。

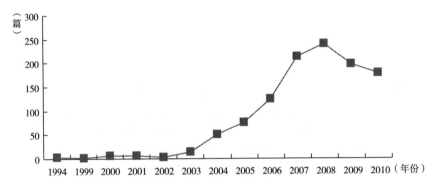

图 1－4 1994～2010 年 CNKI 期刊全文数据库中关于
"政府绩效评估"的学术关注度

从"社会建设"与"政府绩效评估"两个研究视角和学术关注度的状况分析可以发现，对两者的学术关注度都有较快增长的态势，但是，以政府社会建设绩效评估的角度研究政府绩效评估的问题仅有 2 篇。因此，以"地方政府社会建设绩效评估"为主题的研究成果并不多。

（二）国内学者对国外政府绩效评估理论与实践的介绍

国内学者对国外政府绩效评估理论与实践的介绍有对英国政府绩效评估的特征[1]、评估指标体系[2]、绩效管理体制[3]、实践进行的

---

① 王雁红：《英国政府绩效评估发展的特点分析》，《管理现代化》2005 年第 4 期。

② 孙庆国：《英国地方政府绩效评估体系改革及对中国的启示》，《辽宁大学学报（哲学社会科学版）》2008 年第 4 期。

③ 孙庆国：《英国地方政府绩效评估体系改革及对中国的启示》，《辽宁大学学报（哲学社会科学版）》2008 年第 4 期。

研究；① 对美国政府绩效评估管理制度②、立法研究③、评估方法和技术④、指标体系的研究⑤；袁娟对日本政府绩效评估模式进行研究⑥，阐述和介绍了日本政府政策评价、绩效评估、行政评价、事业评价、公共设施评价、评估指标等内容；范柏乃、余有贤对澳大利亚的政府服务绩效评估进行了阐述，并提出对我国的启示⑦；等等。

（三）地方政府社会建设的实践

2004 年，党的十六届四中全会提出"社会建设"，特别是十七大将"社会建设"作为中国特色社会主义事业总体布局"四位一体"中的"一位"写入党章⑧。2007 年底，经过中央批准北京市在全国率先成立专门的社会建设组织机构，即"中共北京市委社会工作委员会、北京市社会建设办公室"⑨，统筹协调全市社会建设工作，先后出台"1＋4"系列文件，即《北京市社会建设实施纲要》《北京市社区工作

① 包国宪、李一男：《澳大利亚政府绩效评价实践的最新进展》，《中国行政管理》2011 年第 10 期。

② 张俊彦：《美国联邦政府绩效管理制度之研究》，《深圳大学学报（人文社会科学版）》1993 年第 3 期。

③ 吴建南、温挺挺：《政府绩效立法分析：以美国〈政府绩效与结果法案〉为例》，《中国行政管理》2004 年第 9 期。

④ 张强：《美国联邦政府绩效评估的反思与借鉴——〈政府绩效与结果法案〉的执行评估》，《中共福建省委党校学报》2005 年第 7 期。

⑤ 朱立信、张强：《当代美国联邦政府绩效评估的方法和技术》，《国家行政学院学报》2005 年第 6 期。

⑥ 袁娟：《日本政府绩效评估模式研究》，知识产权出版社，2010。

⑦ 范柏乃、余有贤：《澳大利亚的政府服务绩效评估及对我国的启示》，《行政与法》2006 年第 2 期。

⑧ 党的十八大提出生态文明建设，由此形成了"五位一体"的中国特色社会主义事业总体布局。

⑨ 该机构在后续机构改革中撤销了"北京市社会建设办公室"，保留"中共北京市委社会工作委员会"，2019 年"中共北京市委社会工作委员会"与北京市民政局合署办公，名为"中共北京市委社会工作委员会、北京市民政局"。

者管理办法（试行）》《北京市社区管理办法（试行）》《北京市志愿者管理办法（试行）》《北京市关于加快推进社会组织改革与发展的意见》。2011 年 6 月，北京市委十九次全会，出台《关于加强和创新社会管理 全面推进社会建设的意见》，以及后来印发的《北京市"十二五"时期社会建设规划纲要》。总结 2007～2011 年北京市社会建设主要工作：一是构建社会建设科学体系；二是实现社会服务管理全覆盖；三是构建五大体系，即社会公共服务体系、社区管理体系、社会组织管理体系、社会工作运行体系、社会领域党建工作体系。在北京成立专门的社会建设工作机构之后，上海、大庆、广东等地先后成立了社会工作委员会、社会建设办公室。① 2011 年初，深圳市出台《中共深圳市委 深圳市人民政府关于加强社会建设的决定》（深委发〔2011〕1 号）；成都市出台《中共成都市委 成都市人民政府关于深化社会体制改革加快推进城乡社会建设的意见》（成委发〔2011〕1 号），两地专门出台一号文件来加强社会建设工作，并着手制定"十二五"时期社会建设规划及社会建设考核指标体系。由此可见，从中央到地方，都意识到加强社会建设对于转变发展方式，解决经济社会发展中不平衡、不协调的状况，根治当前诸多社会矛盾和问题的紧迫性和重要性。

（四）国内地方政府社会建设绩效评估的研究特征

第一，从上文可见，我国关于政府绩效评估的研究时间较短，仍然处于对国外政府绩效评估理论与实践借鉴和学习的起步阶段。尽管自身发展的理论与实践取得较大突破，但是所涉及的研究者论文选题

---

① 与北京的机构改革相似，部分省市地区成立的社会工作委员会、社会建设办公室，在后续的机构改革中或是合署办公或是机构撤销人员分流，但贵阳等地还保留着这个机构。当然，并不是机构撤销或者合并，对社会建设就不重视了，反而是在社会主要矛盾的转变中，以人民为中心的发展思想的社会建设更加凸显。

范围、理论创新、实践操作层面等还有待提升。

第二,通过文献研究,政府绩效评估与国家重大理论导向联系不够紧密,上文中关于政府社会建设绩效评估的文献仅有两篇,[①]而且均处于理论框架的构建,未有实证研究。因此,关于地方政府社会建设绩效评估领域的研究来自学者的回应性不够。如此情况,与寻求政府绩效评估的理论与实践突破和满足政府绩效评估实际需要存在较大差距。

第三,定性研究多,定量研究少。彭甫国教授在《中国政府绩效评估研究的现状及展望》一文研究中得出,"政府绩效评估重定性分析和规范研究,对定量分析和实证研究没有予以充分的重视。如运用定性分析和规范研究方法的成果占93.75%,运用定量分析和实证研究方法的只占6.21%[②]。此外,一些学者仅仅指出公众满意度评价对政府绩效评估的重要意义,但是缺乏对测量公民满意度指标体系和方法的研究[③],进行实证性研究就更少了。

第四,从当时各地实践情况来看,组织机构方面:同样是加强和推进社会建设工作,但是,机构不同,主管部门也不同。北京、上海、广东专门成立社会工作委员会、社会建设办公室统筹协调社会建设工作;江苏省由民政厅主抓社会建设和社会管理工作;四川省由政法委主抓社会建设和社会管理工作,等等。工作内容方面:基本围绕公共服务、社会管理展开,但各地区侧重点不同。由此可见,社会建设目标、方向还不是很明确,各地对社会建设工作的理解还存在差异,方

---

① 截至2019年底,有关"政府社会建设绩效评估"的文献研究也只有7篇,包括笔者的两篇。

② 彭国甫:《中国政府绩效评估研究的现状及展望》,《中国行政管理》2006年第11期,第18~29页。

③ 吴建南、庄秋爽:《测量公众心中的绩效:顾客满意度指数在公共部门的分析应用》,《管理评论》2005年第5期。

式方法各异，工作的着力点也不同，尚处于"摸着石头过河"阶段。

第五，与国外推进政府绩效评估的自上而下的形式相比，我国推进政府绩效评估还局限于地方政府的探索实践，至今尚未形成较为完善的政府绩效评估的法制化建设。此等情况，虽有利于各地方政府绩效评估"百花齐放"，但在政策导向、基本原则等关键环节缺乏法律制度保障。

三　问题提出

通过现状研究，本书认为，建立符合科学发展观要求的社会建设绩效评价指标体系是当前实际所需。因此，围绕"地方政府社会建设绩效评估"这一主题，需要解决三个问题，一是以社会建设和政府绩效评估等理论为基础，界定地方政府社会建设绩效评估内涵与构成；二是建立地方政府社会建设绩效评估指标体系；三是进行模型构建与实证研究。其核心问题是通过界定地方政府社会建设绩效评估内涵与构成，建立地方政府社会建设绩效评估指标体系，以此来评价社会建设绩效状况，总结经验，加强和推进社会建设实践工作。

第三节　研究思路与研究方法

一　研究思路

以地方政府社会建设绩效评估理论、实践、方法为研究基础，以建立指标体系、构建模型与实证分析为主干，以优化地方政府社会建设绩效评估机制为导向，由低到高逐层递进展开研究。四个层面依次是研究基础层面、指标体系构建层面、评价模型构建与实证分析层面、机制优化层面，如图1-5所示。

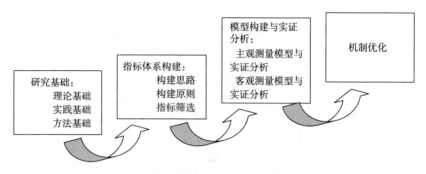

图 1 – 5　地方政府社会建设绩效评估四个层面

本研究以地方政府社会建设绩效评估文献综述为起点，以理论基础、实践基础和方法基础为研究平台，清晰界定地方政府社会建设绩效评估内涵与构成，构建较为完善的地方政府社会建设绩效评估理论框架，利用主客观绩效测量的方式，运用不同的研究方法构建评估模型及实证分析。最后，根据实证结果，结合成都社会建设经验，提出优化地方政府社会建设绩效评估的机制。本研究充分体现公共管理理论研究、管理科学与工程研究方法与社会学学科交叉的契合，体现地方政府社会建设绩效评价技术、方法研究与机制优化研究的创新性。研究总体框架如图 1 – 6 所示。

二　研究方法

（一）理论与实践相结合的方法

以党的十六届四中全会提出"社会建设"这一新时期重要理论为索引，结合当前地方政府加强和推进社会建设工作的实践经验，按照把社会建设纳入领导班子考核内容的要求，构建地方政府社会建设绩效评估体系，把理论研究与实践研究结合起来。

（二）规范性研究与实证性研究相结合的方法

运用规范性研究方法，对地方政府社会建设绩效评估的基本概

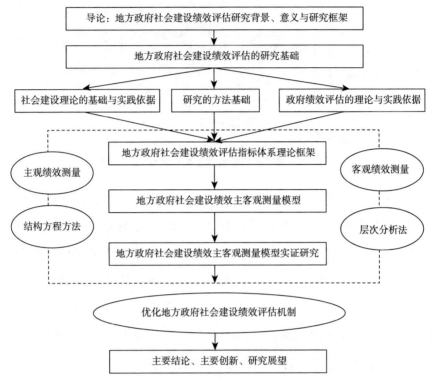

图1-6 "地方政府社会建设绩效评估"研究总体框架

念、构成、评估指标和评估模型等进行规范性研究。在指标筛选、指标权重确定、评估模型建构、绩效评价中利用实际调查数据进行实证性研究。为使本研究过程和结论更具科学性、有效性，本研究主客观绩效测量所需的数据均为一手数据，满意度主观绩效测量数据通过"成都市社会建设状况调查问卷"获得，见附录A，客观绩效测量数据以上级部门下发文件的形式向相关部门收集获得，见附录B、附录C。

（三）定性分析与定量分析相结合的方法

定量描述比定性描述能更精确、更深刻地反映客观社会的状态和发展规律①。在研究中，本研究力求将定性研究与定量研究结合起来，其中，指标内容通过定性的方法确定，指标筛选通过定量的方法确定。同时，由于指标体系框架包括满意度指标和客观指标的特点，以及样本量不同，本书分别采用结构方程模型方法和层次分析法对地方政府社会建设绩效评估进行模型建构与实证研究。在研究中，运用了 Excel、SPSS19.0、Lisrel 8.8 和 Matlab7.0 等软件对绩效评估过程中的数据进行量化处理。

---

① 宋健：《社会科学研究的定量方法》，《中国社会科学》1982 年第 6 期。

第二章　地方政府社会建设绩效评估的研究基础

本章首先研究了社会建设内涵与结构，以此为基础，对地方政府社会建设绩效评估内涵与结构进行了界定。其次，探讨了公共产品理论、新公共管理理论、治理理论及其与地方政府社会建设绩效管理的关系。最后，介绍和比较几种研究方法。

第一节　地方政府社会建设绩效评估的界定

地方政府社会建设绩效评估具有体现地方政府社会建设状况，评价地方政府社会建设结果的效能和水平以及产生的社会影响，考核地方政府相关部门社会建设工作，规划地方政府社会建设发展目标的作用。

一　地方政府概念界定

一个国家，地缘辽阔，人口众多，民族多种，不同利益相关者诉求多样，必然导致政府公共管理和社会事务的复杂化。中央政府要实现对社会和公民的"善"治，必须借助地方政府贯彻落实国家的意识，维护不同地区的政令统一，实现国家职能机构的持续良性运转。

对地方政府概念的界定，不同词典和学者的界定各异。本书地方政府是指由中央政府依法设置的、行使部分国家权力、治理国家一部分地域或部分地域某些社会事务和管理的地方各级行政机关①。

地方政府的划分也较为复杂，相对而言，可以根据不同研究目的和需要设计。本书地方政府所涉及范围是指基层地方政府，即区市（县级市）县级政府。区市（县级市）县级地方政府处于地方政府的最底层，是面向本行政区域内所有公民，与其联系最为紧密，解决其所需最直接的行政主体，是国家政治结构的基石。

二　社会建设内涵与结构分析

当前，关于社会建设的内涵尚处于争论中，理论框架尚在建构中。关于加强和推进社会建设，目前形成四种不同的"范式"，第一种认为社会建设应该以保障和改善民生为重点②；第二种认为社会建设要加强和创新社会管理③；第三种认为社会建设的核心任务是调整社会结构④；第四种认为社会建设应该建立一个主体性的社会，能够驾驭市场、制约权力、遏制社会失序的社会主体⑤。这四种范式的落脚点不同，但有一个基本的共识，即改善民生是最大公约数⑥。科学范式的革命，推动科学的进步。但是，概念的纷争使研究对象出现模糊，哪种范式具有可操作性等问题还没有解决，进而影响地方政府社会建设的顺利进行。

---

① 张文礼主编《当代中国地方政府》，南开大学出版社，2009，第 11～12 页。
② 陈成文、高小枚：《加快推进以改善民生为重点的社会建设——学习胡锦涛同志的社会建设理论》，《湖北社会科学》2009 年第 6 期。
③ 马凯：《努力加强和创新社会管理》，《求是》2010 年第 20 期。
④ 陆学艺：《社会建设就是建设社会现代化》，《社会学研究》2011 年第 4 期。
⑤ 清华大学社会学系社会发展研究课题组：《走向社会重建之路》，《民主与科学》2010 年第 6 期。
⑥ 李晓壮等：《社会建设预示社会学研究的重大转向》，《中国社会科学报》2011 年 5 月 17 日。

（一）建设社会领域的社会？还是建设主体性社会？

学术界对社会建设的研究存在两种比较大的争论，即社会建设是建设社会领域的社会？还是建设主体性的社会？本书认为，社会建设既是建设领域性的社会，也是建设主体性的社会，是基础层次建设和主体高层建设的关系，两者既有区别又有联系，不能互相割裂。通常所说，以保障和改善民生为重点的社会建设是社会领域的社会建设，是基础层次的，当前社会矛盾和问题凸显，恰恰是社会建设的基础领域性建设出现了问题。所以，党的十七大提出"加快推进以民生为重点的社会建设"。

作为社会建设基础领域性的建设薄弱，诱发的根源在于作为主体性社会的缺失，国家的主体是政府，市场的主体是企业，社会的主体是社会组织（广义的社会组织，既包括在民政部门登记注册的社会团体、民办非企业单位、基金会，也包括工青妇等人民团体等组织，以及社区社会组织）、社区及公民个人。这个主体性社会就是与国家、市场相对应的社会，是社会建设的主体高层的建设。政府、市场、社会是一个国家的"三驾马车"，是调节各领域资源和机会的秤杆，任何一方的薄弱、不均衡（非绝对的）都会产生问题。新中国成立后，我国建立了一个强大的政府；改革开放后，社会主义市场经济体制确定，我国建立较为强大的市场；但是，由于社会体制改革比较缓慢，有些社会体制还是旧的，与社会主义市场经济体制相适应的社会体制还没有建立起来，主体性社会还很弱。因此，我国形成了当前的强政府、强市场、弱社会的格局或者说政府一枝独大的格局。这一格局必然导致在资源和机会配置过程出现偏差以及不均衡现象。

社会领域的建设和社会主体性建设是相辅相成，逻辑统一的。本书地方政府社会建设绩效评估体系主要围绕社会建设的基础领域建设层面展开。同时，在优化地方政府社会建设绩效的机制中则需要构建政府－市场－社会宏观层面的关系架构来调节资源和机会的公平合理配置，增进地方政府社会建设绩效评估不同维度的绩效水平，提高整体绩效。

（二）社会建设内涵

社会建设不只是民生事业、社会事业的建设，也不只是社会管理所能覆盖的，它有着自身的基本含义和内在有机构成。

社会建设是指为适应一个国家或地区由农业农村的传统社会向工业化、城镇化的现代社会转变的要求，坚持以人为本，国家（政府）、市场、社会共同在社会领域中实现资源和机会合理配置，体现社会正义，建立新的社会秩序，实现社会进步的过程。社会建设的主体包括宏观主体和微观主体，宏观主体就是国家（政府）、市场和社会，微观主体包括社会组织、社区、公民个人；社会建设的动力是宏观三大主体对资源和机会的公平合理配置；社会建设的原则是以人为本，实现公平正义；社会建设的目标是构建社会主义和谐社会，促进经济社会协调发展，实现社会的现代化。

（三）社会建设结构分析

根据社会建设相关研究进展，"当代中国社会建设研究"课题组认为，社会建设的领域大体包括8个方面：民生事业、社会事业、城乡社区、社会组织、社会结构、社会规范、社会管理、社会体制。各个部分相互联系、相互作用、相辅相成，共同构成社会建设的系统整体。

民生事业、社会事业是保障社会成员生存权、发展权的行动能力基础，即社会成员实现社会活动需要占有一定的资源和机会，同时这也是社会成员的基本权利，体现社会发展水平，体现公民享受保障权、劳动权、教育权、居住权、健康权等基本权力。

社会组织（区别于政府组织、企业组织的广义的社会组织）和城乡社区是社会建设的微观主体，也是社会自治的行动载体，具有社会调适和社会整合的双重功能，体现社会协同、公民参与；相对而言，社会组织兼具行动主体和行动载体的双重特性，是主体性载体。社会组织发展体现社会包容、开放，治理主体多元，社会更具活力。社区则是主体行动的空间性载体，也是社会建设的行动实体，是实体性载体。城乡社区是维系公民生活的共同体，是现代化社会构建和谐社会管理的基石，体现一个地区的基础设施发展水平和公民生活环境的改善。

社会管理和社会规范都是社会控制的基本方式，具有社会整合与维护社会秩序的功能。具体而言，社会管理是指政府和一定的社会团体以一定的目标要求为依循，对社会系统和社会生活进行组织、指挥、监督和调节的作业过程，是政府的基本职能。社会规范是社会建设主体根据权利和义务，在社会行动中应遵循的规矩和活动准则，它为社会共同生活所需要，是主体在社会互动过程中衍生出来、约定俗成的。相对而言，社会管理是工具性手段，社会规范则是价值性理念整合，是社会关系的反映。社会组织、社区也是社会管理的重点对象或管理载体。社会管理是社会建设和维护社会秩序的工具，体现社会的稳定程度。社会规范是一个社会的软件指标，社会规范首先是政府的规范，其次是整个社会、企业、人与人之间、不同群体之间的诚信关系，它标志着一个社会的文明程度。

社会结构调整是社会建设的核心任务。社会结构是指占有一定资源、机会的社会成员的组成方式与关系格局①。社会结构与经济结构

---

① 陆学艺主编《当代中国社会结构》，社会科学文献出版社，2010，第31页。

共同构成一个国家基本骨架，其优化程度和与经济结构匹配程度标志着一个社会的现代化水平。

社会体制是规定各社会行动主体之间权利和义务关系的一系列制度安排，是制度化、政策化的社会结构，是"顶层设计"，影响整个社会建设领域，贯穿于社会建设各个阶段和环节。经济体制改革负责做好做大"蛋糕"，社会体制改革负责分好"蛋糕"，因此，社会体制是否完善，是关系到社会各项改革能否成功的关键。现阶段，我国迫切需要建立与社会主义市场经济体制相适应的社会主义社会体制。社会建设构成与相互关系如图 2 - 1 所示。

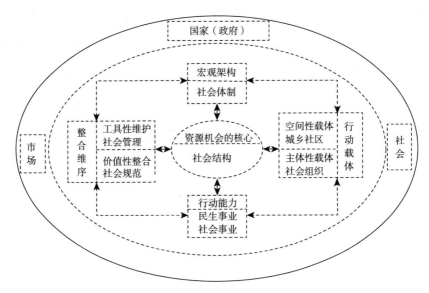

图 2 - 1　社会建设构成与相互关系

三　地方政府社会建设绩效评估内涵与结构分析

（一）绩效、绩效评估与政府绩效评估

1. 绩效

绩效是人们经常使用的一个词，但对绩效的解释和定义众说纷

纭。Bates 和 Holton 指出，绩效是一个多维建构，测量的因素不同，其结果也会不同[①]。Bernadin 等学者认为，绩效应该定义为工作的结果，因为这些工作结果与组织的战略目标、顾客满意度及所投资资金的关系最密切[②]。Murphy 认为，绩效是与一个人在其中工作的组织或组织单元的目标有关的一组行为[③]。Brumbrach 认为，绩效指行为和结果，行为由从事工作的人表现出来，将工作任务付诸实施，（行为）不仅仅是结果的工具，其本身也是结果，是为完成工作任务所付出的脑力和体力的结果，并且能与结果分开进行判断[④]。

我国学者卓越对绩效总结认为，国内外许多学者专家对绩效做了种种归纳，结论不尽一致，但有一点却达成共识，绩效是一种要素结构[⑤]。"3E" 要素结构已成为分析绩效的最好出发点，因为它们建立在一个相当清楚的模式之上，并且这个模式是可以用来测评的[⑥]。

可见，绩效在不同时期、不同类型的组织中有着不同的含义。总体而言，绩效可以划分为个人绩效、组织绩效两个层面，是绩效结果和绩效行为的统一[⑦]。本书认为，绩效作为一种结果，讲求绩效的实效，即效果（Effectiveness），以及它对社会的影响。对结果的评价也是美国 1993 年颁布《政府绩效与结果法案》之后，政府绩效评估的

---

① Michael Arrmstrong, Angela Baronl, *Performance Management*, London: The Cromwell Press, 1998: 15。

② Michael Arrmstrong, Angela Baronl, *Performance Management*, London: The Cromwell Press, 1998: 15。

③ Richard. S. William. *Performance Management*, London: International Thomson Business Press, 1998。

④ Michael Arrmstrong, Angela Baronl. *Performance Management*, London: The Cromwell Press, 1998: 15。

⑤ 卓越主编《政府绩效管理概论》，清华大学出版社，2007，第 1~5 页。

⑥ 于军：《英国地方政府改革研究》，国家行政学院出版社，1999，第 132~134、189 页。

⑦ 范伯乃：《政府绩效评估与管理》，复旦大学出版社，2007，第 41 页。

主流方式。

2. 绩效评估

绩效评估又称绩效评价（测量）或绩效考核。绩效测量一直被认为是各国政府最感兴趣的热点问题[1]。但是，绩效测量却是随着新公共管理改革使政府官僚体制成为具有效能和有效率的组织的核心工具[2]。绩效评价可以为绩效评价系统和其他管理技术提供解决一些问题的方法[3]。这些问题包括如何提高顾客满意度，特别是在投入产出（结果）模型基础上，提高公共部门管理能力[4]。

目前较为流行的绩效测量管理方法有英国兰卡斯特大学著名管理控制学者 David T. Otley 提出的"绩效管理模型"[5]；Ittner 和 Larcker 提出的"价值管理模型"（Value – Based Management，VBM）[6]；Kaplan 和 Norton 的"平衡记分卡模型"[7]；阿斯顿（Aston）工商学院公共服务研究中心关注在测评地方政府业绩时，使用"最优价值"（Best Val-

---

① Rosa E. B. , "Expenditures and Revenues of the Federal Government", *Annals of the American Academy of Political and Social Science*, 1921: 95. Beyle H. C. , Parratt S. D. "Public Attitudes and Government Efficiency", *Annals of the American Academy of Political and Social Science*, 1938: 26 – 32.

② Dent J. F. , "Accounting and Organizational Cultures: A Field Study of the Emergence of A New Organizational Reality", *Accounting, Organization and Society*, 1991, 16 (8): 705 – 732.

③ Pollitt C, Bouckaert G. , *Public Management Reform: A Comparative Analysis*, Oxford: University Press, 2004.

④ Johnsen, "What does 25 years of Experience Tell Us About the State of Performance Measurement in Public Policy and Management"?, *Public Money and Management*, 2005, 25 (1): 9 – 17.

⑤ Otley, D. , "Performance Management: A Framework for Management Control Systems Research", *Management Accounting Research*, 1999 (10): 363 – 382.

⑥ Christopher D. Ittner, David F. Larcker, "Assessing Empirical Research in Managerial Accounting: a Value – Based Management Perspective", *Journal of Accounting and Economics*, 2001, 32, 349 – 410。

⑦ Kaplan, R. S. , Norton, D. P. , *The Balanced Scorecard*, Harvard Business School Press, Boston, MA. 1996; Kaplan, R. S. , Norton, D. P. , *The Strategy – Focused Organization*, Harvard Business School Press, Boston, MA. 2001.

ue）作为一种评估框架，使用"平衡计分卡"（Balanced Score Card）在不同利益分享者之间进行对话和合作而得出结论①。

美国锡拉丘斯大学（Syracuse University）马克斯韦尔（Maxwell）公民与公共事务学院、美国乔治梅森大学（George Mason University）市场研究中心（Mercatus Center）等对特定政府做过系统研究，提出绩效管理的 GPP（政府绩效项目）模型，以第三方进行评价，并公布结果，引起相当大的影响②。

此外，Michela Arnaboldi 等通过对意大利财政部的案例研究了公共部门的项目管理，研究认为，尽管意大利政府开展项目管理改革在OECD（经济合作与发展组织）成员国中起步较晚，但是取得了显著的改革效果。因为，政府许多项目都一直遵循新公共管理改革的思想，进行"政府再造运动"③。

本书采用美国学者凯恩（Kane）和劳勒（Lawer）的观点，他们认为"绩效评估是评估者对被评估者一段时间内的表现加以综合而得出的判断"④。被评估者可以是个人，也可以是组织，本书研究对象是组织绩效评估，即政府绩效评估。

3. 政府绩效评估

政府绩效，又被称为"政绩"或公共绩效，在西方也被称为"公共生产力""国家生产率""公共管理绩效"等，是政府及其他公共权

---

① Halachmi, Arie, "Community Disaster: Implication for Management Midwest", *Review of Public Administration*, 1978, 12 (4): 71 – 279.

② McTigue, Maurice, Jerry Ellig, and Steve Richardson, "2ⁿᵈ Annual Performance Report Scorecard: Which Federal Agencies Inform the Public", Arlington, VA: Mercatus Center, May 16, 2001.

③ Michela Arnaboldi, Giovanni Azzone, Alberto Savoldelli, "Managing A Public Sector Project: The Case of the Italian Treasury Ministry", *International Journal of Project Management*, 2004 (10): 213 – 223.

④ 范柏乃：《政府绩效评估与管理》，复旦大学出版社，2007，第 41 页。

力组织在依法对社会经济活动进行管理和服务中所产生的结果和效能①。本书认为，政府绩效评估就是对政府及其组成部门在资源和机会的配置过程所取得的结果以及这些结果与其预期目标实现程度的评价。

（二）地方政府社会建设绩效评估内涵

社会建设相关概念界定与结构分析为厘定地方政府社会建设绩效评估内涵与结构提供了清晰的思路和理论基础。

地方政府社会建设绩效评估，是指对地方政府及其组成部门在推进社会建设过程中，运用科学的方法、标准和程序，考核、研判其所取得的“政绩”的评价，是对社会建设结果的评估。任何地方政府社会建设绩效评估的基础条件应该是建立在经济建设基础上的社会全面进步。

（三）地方政府社会建设绩效评估结构分析

社会建设的内涵与有机构成较为丰富，但具体以评价指标的形式得以完全体现具有较大难度。因此，根据构建地方政府社会建设绩效评估体系的系统性、易操作性、独立性和可行性，以及社会建设8个领域之间的内在逻辑关系，确定地方政府社会建设绩效评估体系理论框架应包括4个部分：民生社会事业绩效、社会管理绩效、社会结构绩效、社会规范绩效。

1. 民生社会事业绩效

一般民生事业包括通常意义的衣食住行，具体指就业、收入、消费、社会保障、社会救助等；社会事业包括通常意义的教育、科学技术、文化体育、医疗卫生，即简称为教科文卫。民生社会事业绩效是

---

① 中国地方政府绩效评估体系研究课题组：《中国政府绩效评估报告》，中共中央党校出版社，2009，第7页。

政府公共产品和公共服务提供的主要领域，反映公共产品和公共服务提供的状况，体现社会发展和人民生活水平。

2. 社会管理绩效

社会管理对象一般包括社会组织、社会治安、公共安全等。社会管理绩效体现政府对社会系统和社会生活进行组织、指挥、监督和调节的能力，体现社会和谐稳定的程度。

3. 社会结构绩效

社会结构包括城乡结构、就业结构、收入分配结构、阶层结构、消费结构等。社会结构绩效是反映资源和机会在社会成员间的配置情况，社会结构的优化程度以及与经济结构匹配程度标志了一个国家或地区社会现代化的水平。

4. 社会规范绩效

社会规范包括政府规范、市场规范、社会诚信等。社会规范绩效是在社会互动中衍生出来约定俗成的，是社会整合的重要基础，体现社会主义核心价值观，富有文化内涵，展现社会文明程度的特征。

需要说明的是，根据构建地方政府社会建设绩效构成、其可测量程度，以及结果导向的绩效评估模式，构建由主观指标和客观指标共同构成的地方政府社会建设指标体系。也就是本书将采用主客观相结合的绩效测量方式对地方政府社会建设绩效进行评价。根据实际情况，主观绩效测量（通常用公民满意度测量）将包括对民生社会事业、社会管理、社会规范的绩效测量（社会结构不易通过主观指标量化）；客观绩效测量将包括对民生社会事业、社会管理、社会结构的绩效测量（社会规范绩效不易通过客观指标量化）。关于主客观绩效测量说明详见第三章。

（四）地方政府社会建设绩效评估的步骤

任何评估至少应该包括五个步骤，即为何评估（评估目的）—评估什么（评估对象）—谁来评估（评估主体）—如何评估（评估方法）—评估何用（评估结果），如图 2 - 2 所示。

1. **评估目的**

在组织评估中，首要的工作就是要明确为何评估。评估目的是什么。这与组织近期或远期发展目标紧密相关，关乎组织战略导向。如前文所述，根据我国地方政府社会建设绩效评估所面临的形势和目前研究现状，我国亟须加强地方政府社会建设绩效评估的理论研究。因此，评估的着眼点首先应放在地方政府社会建设绩效评估的现状，及过去一段时间的地方政府社会建设绩效水平的回顾与分析上；其次，将着眼点放在提高地方政府社会建设将来的绩效表现上来。也就是说，通过总结过去经验教训，提高未来地方政府社会建设的绩效水平，实现地方政府社会建设有效、有序推进。

2. **评估对象**

评估对象就是回答评估什么的问题。本书选择地方政府社会建设绩效作为评估对象加以研究，抓住了地方政府作为国家政治、经济、文化、社会的基石这一着力点。整个国家组织系统的进步，需要组织系统各要素的全面进步，相对于国家宏观战略而言，地方政府则是实施宏观战略的基层实体层面，因此，要将地方政府社会建设绩效评估作为落实国家宏观战略和推进社会建设的前提保障。

3. **评估主体**

评估主体就是回答谁来评估的问题。一般组织绩效评估分为内部主体评估和外部主体评估。对于地方政府绩效评估而言，目前通行的是自上而下的内部主体评估，即上一级政府考核下一级政府。这种方式避免了考核过程中的信息不对称问题，但是造成评估主体过于单一、评估结果有失公信力等问题，这是当前政府绩效评估主体选择面临的最大挑战之一。因此，在政府信息公开的背景下，第三方参与评估是解决此项问题的有效途径。公民、专家、评估中介组织等多元主体参与评估是政府绩效评估的发展趋势。

4. 评估方法

评估方法就是回答如何评估的问题。评估方法的选择关乎评估结果的科学性、有效性问题。因此，在选择评估方法时，不仅要考虑方法的先进性，而且还必须结合所获得数据的实际情况、评价对象的实际可操作性等情况，同时还要注重政治理性与技术理性的统一[①]，找出相对最适宜的评估方法，并且在评估方法应用过程中尽量避免主观随意性。本书针对获取的数据样本量、指标类型、数据来源不同采用了不同的方法来解决这个问题，力求达到科学性、有效性。

5. 评估结果

评估结果就是回答评估何用的问题。评估就是为了测量当前的状况及其与预期目标的差距，找出发展中的不足，作出调整，明确工作的重心，优化地方政府社会建设绩效评估机制，以便又好又快地推进地方政府社会建设工作。

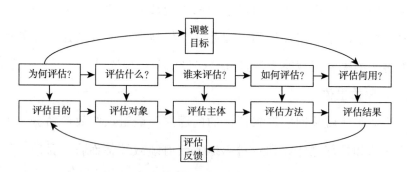

图 2-2 地方政府社会建设绩效评估的步骤

---

① 陈天祥：《政府绩效管理研究：回归政治与技术双重理性本义》，《浙江大学学报（人文社会科学版）》2011 年第 4 期。

第二节　地方政府社会建设绩效评估的功能分析

一　约束机制功能

地方政府社会建设绩效评估目的在于测量政府社会建设实际水平，探讨提高社会建设绩效的有效机制，扭转经济社会不协调的局面，其精髓在于落实地方政府加强社会建设的责任。责任与个人利益、组织利益直接相关，而责任的落实需要动力机制。尽管，绩效评估是对现有社会建设发展水平的反映，但是，评估结果是否达到预期目标则是对地方政府责任体现的约束机制，使地方政府对绩效的结果负责。"组织绩效评估可以提供组织绩效方面的信息，鼓励和促进单位之间竞争，有助于公众的监督，还可以诊断组织中的问题并提出有针对性的改进措施，从而推动效率和服务质量的提高"[①]。

二　价值取向功能

政府绩效评估领域的价值取向问题是近年研究的热点。价值取向构成地方政府绩效评价体系和绩效评价行为的深层结构，是"要个什么样的政府或者要建成个什么样的政府"这一根本目的的体现[②]。现代政府绩效根本的价值取向应该是"让民做主、为民服务"，以建设"人民群众满意不满意"的政府绩效作为政府工作的根本出发点和落脚点。本书第四章采用绩效满意度的测量方式正是反映人民群众的最根本需求，充分体现绩效评估的价值取向。

[①] 周志忍：《公共性与行政效率研究》，《中国行政管理》2000 年第 4 期。

[②] 包国宪、周云飞：《中国政府绩效评价：回顾与展望》，《科学学与科学技术管理》2010 年第 7 期。

三 目标导向功能

地方政府社会建设绩效评估目标导向功能的几层含义：第一，地方政府社会建设绩效评估能起到突出社会建设，扭转以往经济建设单边独进的政府工作方式的作用；第二，地方政府社会建设绩效评估，可测量不同社会建设领域的进展情况，发现问题，找出差距，总结经验教训，重新整合组织资源，增强领导干部统筹经济社会协调发展的能力，推动社会建设工作全面健康发展；第三，通过评估结果的反馈，为制定未来社会建设发展战略规划提供科学决策依据。

第三节 地方政府社会建设绩效评估的相关理论基础

与地方政府社会建设绩效评估相关的理论基础诸多，本节主要论述与地方政府社会建设绩效评估实际契合最紧密的公共产品理论、新公共管理理论和治理理论，并着重探讨这三种理论与地方政府社会建设绩效管理的关系。

一 公共产品理论

地方政府社会建设是地方政府为满足公众对公共产品和准公共产品的需求，依法对社会建设领域进行调节和控制的活动过程。民生社会事业、社会管理等社会建设领域大多属于公共产品范畴，同时，公共产品理论也是指标选取，划分政府、市场、社会之间边界，促进资源和机会在社会建设不同领域公平合理配置，提高政府社会建设绩效的重要理论基础。

（一）公共产品界定

公共产品理论作为一种系统的理论产生于 19 世纪 80 年代。公共产品（Public Goods）是相对于私人产品（Private Goods）而言的，其概念由林达尔（E. R. Lindahl）最早提出，后来由萨缪尔森在 1953 年和 1954 年的两篇论文中加以延伸[①]，是公共经济学研究的核心问题[②]。由于不同的学者研究视角不同，以及公共产品涉及范围的边界划分比较困难，因此，学界并未形成公认的概念。现代经济学最为广泛接受的是由萨缪尔森给出的定义，他认为，"所谓公共产品就是所有成员集体享用的集体消费品，社会全体成员可以同时享用该产品；而每个人对该产品的消费都不会减少其他社会成员对该产品的消费"。[③]

（二）公共产品分类

公共产品分类遵循的最基本准则是非竞争性和非排他性。所谓非竞争性是指公共产品一旦被提供出来，就不可能排除任何人对它的不付代价的消费；所谓非排他性是指公共产品一旦被提供出来，增加一个人的消费不会减少其他任何消费者的受益，也不会增加社会成本，其新增消费者使用该产品的边际成本为零。根据这样的属性特征，一般将公共产品分为纯公共产品和准公共产品（包括俱乐部产品和共同

[①] P. A. Samuelson, "Pure theory of Public Expenditures", *Review of Economics and Statistics*, 1954 (36): 87 - 389; P. A. Samuelson, "Diagrammatic Exposition of a Theory of Public Expenditure", *Review of Economics and Statistics*, 1955 (37): 350 - 356.

[②] Robin Boadway, Zhen Song, Jean - François Tremblay, "Commitment and Matching Contributions to Public Goods", *Journal of Public Economics*, 2007 (91): 1664 - 1683.

[③] 〔美〕保罗·A. 萨缪尔森, 威廉·D. 诺德豪斯:《经济学》（第十四版），胡代光等译，首都经济贸易大学出版社，1998，第 571 页。

资源）、混合产品和公共中间品、整个社会共同消费的公共产品和地方性公共产品①。

纯公共产品是由理查德·阿贝尔·马斯格雷夫（Richard Abel Musgrave）提出的②，严格满足非竞争性和非排他性两个条件。比如国防就是纯公共产品，纯公共产品由政府提供，因为市场（私人）在提供非竞争性和非排他性的产品时没有任何激励的机制，因而不愿意提供公共产品的生产与供给，并且往往出于对自身利益的考虑，总是希望由别人来提供，自己来"搭便车"，这就是所谓的在提供纯公共产品时市场会出现失灵的状况。然而，许多产品不是纯公共产品，但是在一定程度上具有其中的一个特征（非竞争性或非排他性）③。这为非纯公共产品的生产和供给提供了多元的渠道。

第一类准公共产品是俱乐部产品，它的特征是消费具有非竞争性，但是却可以排他。如可以收费的高速公路，消费的非竞争性会导致交通拥挤堵塞，所以，必须限制某种车辆不能进入高速公路，这样就破坏了消费非竞争性的原则，而产生了排他性。第二类准公共产品是共同资源，它的特征是在消费上具有竞争性，但是却无法排他。比如公共牧场，对任何人都是非排他的，但是，个人的放牧会给其他人带来负的外部性，对于个人而言，不承担其任何成本。这样的结果，导致牧场生态遭到破坏。

混合产品是具有较大范围的正的外部效应的私人产品；或者说是同时具有公共产品性质和私人产品性质的产品④。既然具有公共产品

---

① 黄恒学主编《公共经济学》（第二版），北京大学出版社，2009，第 96~98 页。
② R. A. Musgrave, "Provision for Social Goods", in J. Margolis& M. Guitton eds., *Public Economics*., New York: St. Martin's Press, 1969: 124－145.
③ 〔美〕约瑟夫·E. 斯蒂格利茨：《公共部门经济学》（第三版），郭庆旺等译，中国人民大学出版社，2005，第 114~115 页。
④ 刘宇飞：《当代西方财政学》，北京大学出版社，2000，第 99 页。

性质和私人产品性质，它们的非竞争性和非排他性就是不完全的。公共中间产品是未被最终消费，而是被用作投入，进入生产过程的公共产品。公共中间产品的消费主体是一个生产者，而不是一般消费者①。

公共产品的可获得性对于所有人都是相同的，而且与他们关于私人产品的消费的决定无关。所以，在这个意义上，萨缪尔森所言的公共产品是那种由整个社会共同消费的公共产品。但是，实际情况是很多公共产品，只有居住在特定地区的人才能消费，个人可以通过选择移居来选择他要消费的公共产品。

（三）公共产品理论与地方政府社会建设绩效管理的关系

1. 公共产品供给是地方政府社会建设的基础

公共产品是政府投入公共资源，提供各项公共服务和管理的重要内容，属于政府基本职能范畴，是民生社会事业、社会管理等社会建设状况的结果反映，也是衡量政府社会建设效果的重要表征。党的十七大提出"加快推进以改善民生为重点的社会建设"，"十二五"规划提出"加强社会建设，建立健全基本公共服务体系"的目标。因此，民生社会事业主要是政府在公共领域提供满足社会全体成员公平享有而提供的公共产品和公共服务，主要包括教育、卫生医疗、住房、社会保障等公共产品和服务的供给。因此，公共产品有效供给是地方政府社会建设的基础。

2. 公共产品分类可以明确地方政府社会建设职能边界

随着社会利益分化，诉求的多元化，转变政府职能面临严峻挑战，建立能够满足人民群众日益增长的物质与文化生活需求的现代政府是亟须解决的问题。为此，一方面，政府要不断提供公共产品和服务，

---

① 刘宇飞：《当代西方财政学》，北京大学出版社，2000，第99页。

满足人民群众的最基本需求；另一方面，政府要从"无限政府"向"有限政府"转变。在公共产品（民生社会事业等社会建设领域）供给领域，政府应该放哪些权，哪些类型公共产品应该由政府必须承担，保基本；哪些类型公共产品应该由政府、市场和社会多元主体共同提供，从而满足人民群众差异化需求。这些基本问题实际上关系到政府－市场－社会的治理结构的构建问题和社会建设三大主体如何进行资源和机会公平合理配置的问题，公共产品理论较为清晰界定三者之间的边界，为解决这些问题提供理论依据。

3. 公共产品有效供给可以弥补市场失灵的不足

当前，"上学难、看病难、住房难、养老难、就业难"等基本民生问题还未能得到根本解决，一方面，公共产品供给的数量和质量有限，不能有效满足人民群众基本需求；另一方面，社会建设领域的民生等公共产品大多属于纯公共产品，具有非排他性和非竞争性。而市场的目的在于逐利，因此，在提供此类产品时，市场会出现失灵，同时，在公共部门的私营化过程中，某些公共领域过度市场化、私营化，在某种程度上导致公共产品供给异化，如房地产市场供给与住房需求之间的矛盾。因此，增加如教育、医疗等公共产品的有效供给，可以弥补市场失灵的不足，从而提高政府在社会建设过程的效能。

社会建设的多数领域具有公共物品或公共服务的特性（如义务教育、社会保障、公共安全、医疗卫生、劳动就业等），其绩效的好坏与政府职能的履行程度直接相关，其测量也属于政府绩效评估的范畴。当代政府绩效评估是一种以民生为本的价值取向的管理工具[①]，对此学术界具有广泛的共识。因此，公共产品理论为厘清地方政府社

---

① 陈天祥、宁静：《社会建设绩效测量：一项公民满意度调查》，《中山大学学报（社会科学版）》2010 年第 2 期。

会建设内容、提高地方政府社会建设绩效管理水平提供了理论依据。

二　新公共管理理论

新公共管理理论将政府绩效评估推向新的高潮，这一理论给我们的一个重要启示是在加强和推进地方政府社会建设过程中，需要政府转变理念、改革行政管理体制。同时，新公共管理理论强调政府绩效评估，重视结果评估，这为本书选取以结果为导向的绩效评估模式提供理论基础。

（一）新公共管理的概念

英国学者克里斯托弗·胡德（Christopher Hood）将新公共管理特征概括为：向职业化转变，标准与绩效测量，产出控制，单位的分散化，私人部门的管理风格，纪律与约束①。

特里夏·格尔（Patricia Greer）从管理学的视角概括新公共管理的内涵，包括：公共服务组织的分散化；对公共管理人员实行任期与激励；公共服务的供给与生产相分离；强调降低成本；从重政策转向重管理，注重绩效评估；从程序转向产出的控制和责任机制②。

罗德斯（R. A. W. Rhodes）指出，"新公共管理"有几个中心学说："以管理而非政策为焦点；以业绩评估和效率为焦点；将公共官僚机构分解成为各种建立在使用者付费基础上的处理事务的机构；准市场的使用和合同承包以培养竞争；一种强调产出目标、限制性项目合同、金钱诱因和自由裁员的新管理风格"③。

---

① C. C. Hood, "A Pubulic Management for all Seasons?", *Public Administration*, 1991 (69): 3 – 19.

② Greer P. , *Transforming Central Government*, Erkshire: Open University Press. 1994: 8.

③ R. A. W. Rhodes, *Public Administration*, John Wiley and Sons Ltd, 2011.

我国学者陈振明教授将新公共管理内容归纳为：①让管理者进行管理（强调职业化管理）；②衡量业绩（明确的绩效标准与绩效评估）；③产出控制（项目预算与战略管理）；④顾客至上（提供回应性服务）；⑤分散化（公共服务机构的分散化和小型化）；⑥引入竞争机制；⑦采用私营部门的管理方式；⑧改变管理者与政治家、公众的关系①。

以上关于新公共管理的内涵在某种程度上是对传统公共行政的缺陷，尤其是对公共官僚制组织的缺陷的直接回应②，反映了新公共管理的特征。

（二）新公共管理理论提出

新公共管理理论是 20 世纪 70 年代，西方国家应对财政危机、政府信任危机，解决与后工业社会不相适应的行政官僚体制的产物，西方国家对原有的行政管理体制进行彻底的改革。

最早提出新公共管理概念的是英国学者克里斯托弗·胡德（Christopher Hood）。胡德在《一种普适性的公共管理》中指出③，在 20 世纪 70 年代中期以后，英国以及其他经合组织成员国纷纷掀起政府改革运动。他将这些改革运动称为新公共管理运动。虽然具体举措不同，但是这些改革运动所遵循的教义是相似的。具体来说，新公共管理教义包括：①放手给专业管理者，让高层管理者对结果的达成承担责任。②明确绩效标准与衡量，界定公共服务的目标、目的，确定成功的数

---

① 陈振明：《走向一种"新公共管理"的实践模式——当代西方政府改革趋势透视》，《厦门大学学报（哲学社会科学版）》2000 年第 2 期。

② Behn, Robert D., *Rethinking Democratic Accountability*, Washington DC：Brookings Institution Press. 2001.

③ C. C. Hood, "A Pubulic Management for all Seasons?", *Public Administration*, 1991 (69)：3 – 19.

量化指标。③更加重视产出控制，将资源分配和奖励与绩效测量挂钩，打破官僚体制范围内的集权式的人事管理。④将公共部门分解成更小单元，打破以前庞大的单元，将其变成以产品为中心的企业化小单元。⑤强化公共部门内部竞争，实行任期合同和公共招标程序。⑥重视企业式的管理风格，扬弃公共服务伦理的军队式管理风格，增加人员雇佣和奖惩制度的弹性。⑦强调资源运用上的节制与节约。

（三）新公共管理理论的基本思想

新公共管理理论摒弃传统的公共行政理论，是基于经济学和管理学架构的方法论。新公共管理理论的基本思想是将政府职能的市场化作为政府改革的努力方向，重新界定政府的角色，将公共服务等政府职能推向市场化和社会化，并引入竞争机制提高公共服务等政府职能的效率和质量，在公共部门引入私人部门的顾客导向和绩效评价等方法。

1. 政府是规则制定的"掌舵人"，而不是执行规则的"划桨人"

现代型政府管理应该着力研究应对复杂的市场经济和多样的社会利益分化所形成的新情况，在资源和机会方面力图建立公平有效的制度安排，发挥政府在市场规制、规范社会方面的管理功能。政府在处理与市场、社会关系中，应该扮演制定游戏规则的"掌舵人"，而不是执行政策的"划桨人"。如果迷恋于掌舵人和划桨人的双重角色中，政府不仅会肩负沉重的负担，而且会导致公信力的丧失，得不到人民群众的广泛拥护。

2. 政府应该有序释放权力，而不应采取权力中心主义

政府组织是典型的等级集权机构，这样的机构虽然能够驾驭重大事件和国家体系的总体性问题，但是，面对碎片化的社会、多变的经济形势，在解决诸多的社会矛盾和问题时显得办法不多，手段单一。

政府放松经济的管制，对市场放权，搞活了经济，才使市场经济体制得以确立。但是，社会体制改革尚未完全推进，面对社会利益的多元化、碎片化等特征，单一的政府主体已经难以满足这种新变化。政府在提供公共服务和应对社会管理过程中存在缺位、越位、错位的现象。因此，政府应该像放松市场管制那样，分散权力，培育社会，大力发展社会组织、壮大社会建设工作者队伍，依靠社会力量更多地参与政府社会事务，参与公共决策，这样不仅可以分担政府风险，而且可以促进社会公平正义。

3. 政府是以公众需求为导向，而不是以政府需求为导向

传统的公共管理或公共行政总是自上而下的垂直管理模式，思维上总是包揽一切的想法，行为上总是想"替民做主"。政府一边独行的理念导向很难适应现代社会发展需求。新公共管理理论要求政府服务要以公众的实际需求为导向，只有想民众之所需，谋民众之所求，才能提升政府的责任感和使命感，充分发挥政府职能，管好自己该管的事，干好自己该干的事，提高政府绩效。

（四）新公共管理理论与地方政府社会建设绩效管理的关系

政府绩效评估是在新公共管理的理论发展和建构中孕育成长的。公共部门引入私营部门的绩效评估思想和方法，促进政府从懒散成为有效率的政府。

1. 新公共管理理论以结果为导向的评估为地方政府社会建设绩效评估提供理论依据

英国学者温森特·怀特（Vincent·White）认为[1]，以结果而不是

---

[1] 〔英〕温森特·怀特：《欧洲的公共行政现代化：英国的个案分析》，载国家行政学院国际合作交流部编译《西方国家行政改革述评》，国家行政学院出版社，1998。

以程序的正确性来评估管理水平是新公共管理的显著特征。正如上文所述，地方政府社会建设绩效评估是一种结果导向的评估，是与公众体会最为深刻、需求最为迫切的社会建设领域的状况紧密联系的，以结果为导向的绩效评估能够更为真实地反映"执政为民"的宗旨。所以，新公共管理理论以结果为导向的绩效评估为地方政府社会建设绩效评估提供了理论依据。

2. 新公共管理理论提出放松规制，为提高地方政府社会建设效能提供条件

面对社会转型、经济转轨的复杂状况，政府一元主体已经很难应对纷繁复杂的现代社会结构之变迁。因此，政府需要寻求分担自身风险与压力的助手，并为此进行改革。实践证明，政府通过放松市场的管制，已经建立起了社会主义市场经济体制，极大地促进了经济建设的腾飞。相比较而言，政府对社会的管理还比较严格，社会主义社会体制还没有真正建立起来，承接政府与公众之间纽带和桥梁的社会组织发展还比较缓慢，城乡社区建设存在很多问题，导致政府在处理社会事务时缺乏平台，方法不多，帮手不够。因此，政府应该在保证基本公共服务供给、促进公平的前提下，通过改革实现公共服务和社会事务的市场化社会化或者半市场化半社会化的形式来为政府减轻压力，实现公平与效率的统一，从而提高政府社会建设的实绩。

3. 新公共管理理论提出引入竞争机制，可以有效改变地方政府唱社会建设独角戏的状况

新公共管理理论将私人部门的竞争机制引入公共部门，不仅可以提高政府效率，抑制寻租行为，而且还可以有效打破政府提供公共产品和公共服务的垄断地位。当前，越来越多的公共产品和公共服务通过政府购买社会组织服务、签订合同的方式被外包出去。新公共管理理论将竞争机制引入公共产品和公共服务的提供中，营造私人与私人竞争、私人部门与公共部门竞争、公共部门与公共部门竞争的局面，改变政府唱独角戏的状况，这样，不仅可以提高政府在提供社会建设产品时的效率，而且可以提高社会建设产品的质量。

新公共管理理论从一个崭新的视角审视落后的公共行政体制，为政府改革勾勒出方向性轮廓，社会建设的顺利推进涉及方方面面的体制性障碍，要使政府更为有效地进行社会建设，更加准确地把握方向，其根本前提在于政府的改革。要能够像建立社会主义市场经济体制那样，建立与之配套或相适应的社会主义行政体制、社会体制、政治体制。现在诸多问题的表现就是这些滞后的体制没有与较为先进的社会主义市场经济体制相适应，显得有些"蹩脚"。

三 治理理论

(一) 何谓治理

治理（Governance）是既古老又现代的词语。说其古老，自 13 世纪起，其就在法国阶段性地流行过，长时间与"统治""政府""指导""指引"等词语联系在一起[1]。说其现代，至 20 世纪 90 年代，治理一词，在一些政策性出版物上已经被广泛使用[2]，具有丰富的现代性内涵。但是，从总体上看，治理仍是难以准确界定的概念[3]。

治理理论的创始人英国学者罗德·罗茨（Rod Rhodes）认为：治理意味着"统治的含义有了变化，意味着一种新的统治过程，意味着

---

① 〔法〕让－皮埃尔·戈丹：《何谓治理》，钟震宇译，社会科学文献出版社，2010，第 3 页。

② Goetz, K., "Governance as a Path to Government", *West European Politics*, 2008, 31 (1/2): 258－279.

③ Arnouts, R., et al., "Analysing Governance Modes and Shifts－Governance Arrangements in Dutch Nature Policy", *Forest Policy and Economics*, 2011 (10): 1－8.

有序统治的条件已不同于以前，或是以新的方法来统治社会"①。

法国著名治理理论研究者让－皮埃尔·戈丹（Jean－Pierre Gaudin）认为：治理是一种联邦制度的服从性和企业文化的亲密结合，促进了机构、企业和协会之间的谈判式合作的多样化②。

美国著名治理理论家库伊曼（J. Kooiman）和范·弗利埃特（M. Van Vliet）认为：治理的概念是，它所要创造的社会结构或秩序不能由外部强加；它之所以发挥作用，是要依靠多种相互发生影响的行为者的互动。这种互动是由参与者共同的目标支撑的③。治理其实就是执政的整体理论层面的概念④。

（二）治理理论产生的背景

自 20 世纪 90 年代以来，治理走向理论的舞台，成为一个时髦的词语，长盛不衰。以治理为主题，不同领域的学者以不同的视角展开广泛而深入的研究，其中一个需要深究的问题是，治理产生与兴起缘何？

英国治理理论学者斯托克认为⑤：治理的兴起有四个因素：第一，经济发展及与之相关联的世界经济的全球化；第二，消费者、纳税人、公民的需求增加且复杂化；第三，技术（尤其是信息传播和信息管理的技术）的发达，社会前所未有的多样性和复杂性；第四，众多的国家都经历了这些因素的影响。

---

① Rod Rhodes, "The New Governance: Governing Without Government", *Political Studies*, 1997 (44): 652－667.

② 〔法〕让－皮埃尔·戈丹：《何谓治理》，钟震宇译，社会科学文献出版社，2010，第3页。

③ Kooiman J., Vliet, *Modern Governance: Government Society Interactions*, London: Sage, 1993: 109.

④ Kooiman J., Vliet, *Governing as Governance*, Sage Publications, London. 2003.

⑤ 〔英〕杰瑞·斯托克等：《地方治理研究：范式、理论与启示》，《浙江大学学报（人文社会科学版）》2007 年第 2 期。

让－皮埃尔·戈丹认为[1]：治理的诞生首先是以新自由主义诞生为背景的。治理可能对于破除陈规是有用的，这些陈规在很多国家都被用作保护官僚主义的城墙。而治理对过去的社会关系提出质疑，因此，治理是"现代"的。同时，治理也可以填补公共干预主义留下的空缺。

我国治理研究学者俞可平认为[2]：西方的政治学家和管理学家之所以提出治理概念，主张用治理代替统治，是他们在社会资源的配置中既看到了市场的失败，又考虑到了国家的失败。

在全球化、国际化、市场化、信息化的世界浪潮下，面对纷繁复杂的经济发展和社会进步难题，以往凯恩斯主义、新自由主义等理论普遍存在政府失灵和市场失灵问题，各国政府面临不同程度的危机，试图寻求解决这些难题的良方。20世纪90年代，治理理论的提出与建构，为新时代各国政府改革提供了一个崭新的理论视角，与以往单独用政府或者市场的一元视角或是"政府＋市场"或"政府＋社会"的二元视角形成鲜明的对比。总的来说，治理理论为寻求政府、市场、社会的重新定位，推进政府改革，行政管理体制创新，地方政府自治等提供了强有力的理论分析工具。同时，治理理论也是研究公共产品或公共服务供给方式和体制的理论途径。

（三）治理理论与地方政府社会建设绩效管理的关系

皮埃尔曾经将治理理论称为"20世纪晚期时代精神中关于政府管理的主流观点"[3]。但是，无论哪种观点，治理的本质是政府与民间组

---

[1]〔法〕让－皮埃尔·戈丹：《何谓治理》，钟震宇译，社会科学文献出版社，2010，第3页。

[2] 俞可平主编《治理与善治》，社会科学文献出版社，2000，第1~15页。

[3] Pierre, J., Introduction: Understanding Governance, in Pierre, J. (eds), *Dabating Governance*, New York: Oxford Universtiy Press, 2000: 1–10.

织共同参与管理，彼此互相协作①，强调治理的多元主体性。当然，治理并不是没有政府的治理。

1. 政府内部组织结构深刻变革

为适应市场经济体制的改革与创新，政府行政管理体制进行了相应改革，传统官僚体制，科层制，权力高度集中、总体性政府等计划经济条件下的政府内部组织结构已经逐渐退出历史舞台。政府服务功能得到强化，业务职能更加精细化，权力更加分散化，与政府外部组织联系呈现网络化（见表2－1）。

表2－1　韦伯时代的官僚制国家与后现代国家治理结构

韦伯时代的官僚制国家	后现代国家
政府统治	治理
科层制	多样化结构（网络）
权力1：零和博弈	权力1：正和博弈或双赢
权力2：集权化	权力2：分散化
精英主义	多元主义
单一、集中、铁板一块的国家	分权化、分割化和"空心国家"
强有力的、集中的行政体系	分割化的行政体系
清晰的责任界限	界限模糊的或交融的责任体系
国家集中控制	国家集中掌舵
单一的、同质的公共服务的社会文化	依据不同需求的服务文化

资料来源：Richards D., M. Smith, *Governance and Public United Kingdom*, New York：Oxford University Press，2002。

2. 从一元治理转变到多元治理

"我们的各级领导机关，都管了很多不该管、管不好、管不了的事"②，

---

① Treib, O., Bahr, H., Falkner, G., Modes of Governance：A Note Towards Conceptual Clarification, European Governance Papers（EUROGOB）NO, N-05-02。

② 中共中央文献研究室编《三中全会以来重要文献选编》（上），人民出版社，1982，第518页。

在计划经济体制条件下，治理主体一元，民众所需都由政府统购统销，政府大包大揽一切社会事务、经济事务和社会管理。改革开放之后，中央相继实行政企分开，将企业经营权让渡给市场；政社分开，在广大农村取消人民公社，实行村民自治；等等，使国家的治理格局发生深刻变革。随着改革深入，治理对象越加复杂、多样，形成新的经济、新的组织、新的观念，并形成新的社会利益关系，对治理结构提出严峻挑战，科层制的统治已经无法适应新形势的变化。而多元治理不仅可以降低行政成本、提高行政效率，而且可以提高政府应对社会风险的能力。因此，在应对不同利益群体的多样化需求时，公共产品供给、民主参与、城乡社区自治等社会服务和管理领域越来越凸显多元治理在推进社会建设过程中的重要性。

3. 从社会控制转变到社会整合

现代社会管理本质上是以维护公共秩序为核心、以人本化服务为先导的，强调社会控制的前提应遵循以人为本、服务为先的原则。当前，由于一些地方政府部门行政的不作为、越位，以及沿袭传统的统治模式，用社会控制来消除社会矛盾和问题，不仅起不到治本的效果，反而导致更多的社会冲突（如连年增加的群体性事件）。和谐社会，以人为本，政府社会管理手段要从以往压制状态的社会控制转变为开放、包容、沟通、谈判、协调的社会整合状态，构建有效的社会管理调解机制，有效化解社会矛盾和冲突。

总之，社会建设的阶段性、复杂性等特征，要求现代地方政府在推进社会建设过程中，树立多方参与、共同治理的理念。

第四节　地方政府社会建设绩效评估的研究方法基础

评估方法是实现评估目的的手段和工具，评价方法的选择体现系统评价的科学性。自 20 世纪以来，学术界出现了诸多如模糊综合评价法、数据包络分析法、层次分析法、灰色综合评价法、结构方程模型法等评价方法，为评价提供了有力的数学工具，使决策更具科学性。

一　模糊综合评价法

1965 年，美国加州大学控制论专家扎德（L. A. Zadeh）根据科技发展的需要，经过深入研究，在题为《模糊集合》的一篇论文中成功运用数学方法描述了模糊概念。模糊综合评价（Fuzzy Comprehensive Evaluation，FCE）是在模糊环境下，考虑多种因素的影响，对某种事物的性质做出综合评价的方法[1]。彭国甫、盛明科从管理科学与工程的学科角度，采用此种方法分别对地方政府公共事业管理绩效评价、服务型政府绩效评估体系构建与制度安排进行了研究。[2]

二　数据包络分析方法

数据包络分析（Data Envelopment Analysis，DEA）是美国著名运筹学家查恩斯（A. Charnes）和库柏（W. W. Copper）于 1978 年提出的以"相对效率"概念为基础，根据多指标投入和多指标产出对相同类型的单位（部门）进行相对有效性或效益评价的分析方法[3]。

DEA 的基本思路是把每一个被评价单位作为一个决策单元（Decision Making Units，DMU），再由众多 DMU 构成被评价群体，通过对投入和产出比率的综合分析，以 DMU 的各个投入和产出指标的权重为变量进行评价运算，确定有效生产前沿面，并根据各 DMU 与有效生

---

① 李士勇：《工程模糊数据及应用》，哈尔滨工业大学出版社，2004。
② 彭国甫：《地方政府公共事业管理绩效评价研究》，湖南人民出版社，2004。盛明科：《服务型政府绩效评估体系构建与制度安排研究》，湘潭大学博士学位论文，2008。
③ 杜栋等：《现代综合评价方法与案例精选》（第 2 版），清华大学出版社，2008，第 62 页。

产前沿面的距离状况，确定各 DMU 是否对 EDA 有效，同时还可用投影方法指出非 DMU 有效或弱 DEA 有效 DMU 的原因及应改进的方程和程度。纪凤岚采用此种方法对辽宁省 14 个城市的政府绩效评估进行了实证研究[①]。

三　层次分析法

关于层次分析法的介绍及建模过程，详见第五章。

四　灰色综合评价法

灰色系统理论（Grey System Theory，GST）是我国著名学者邓聚龙教授于 1982 年在国际杂志《系统与控制通讯》中发表的《灰色系统的控制问题》论文中首次提出的[②]。灰色系统研究对象是"部分信息已知，部分信息未知"的不确定性系统，它通过对部分已知信息的生成、开发实现对现实事物的描述。北京工业大学管理科学与工程专业初春博士采用此种方法对服务企业竞争力进行了评价研究[③]。

五　结构方程模型法

关于结构方程模型方法介绍及建模过程，详见第四章。

六　几种绩效评估方法的比较

模糊综合评价法的优点是可以对涉及模糊因素的对象系统进行综合评价。不足之处是，它不能解决评价指标间相关造成的评价信息重

---

① 纪凤兰：《政府绩效评估及相关问题研究》，东北财经大学博士学位论文，2007。
② 邓聚龙：《灰色系统基本方法》（第 2 版），华中科技大学出版社，2005。
③ 初春：《服务企业竞争力评价指标体系构建》，《中国商贸》2010 年第 1 期。

复问题，隶属函数的确定还没有系统的方法，而且合成的算法也有待进一步探讨。数据包络分析方法基于客观信息进行评价，提出了人为因素带来的误差。但它只能表明评价单元的相对发展指标，无法表示出实际发展水平。其不需要预先给出权重也是它的一个优点，但是同时也是它的缺点。灰色综合评价法是一种定性分析和定量分析相结合的综合评价方法，它可以解决评价指标难以准确量化和统计的问题，排除了人为因素带来的影响，使评价结果更加客观准确，但其最大缺陷在于要求样本数据具有时间序列特性。

　　本章首先以社会建设和政府绩效评估理论与实践为基础，明确界定地方政府社会建设绩效评估相关的基本概念，分析地方政府社会建设绩效评估的功能。其次，阐述了公共产品理论、新公共管理理论、治理理论的主要观点及其与地方政府社会建设绩效管理的关系，为进一步研究奠定理论基础。最后，介绍和比较了几种评价方法，并确定本书研究方法，以便为后续研究提供方法基础。

第三章　地方政府社会建设绩效评估指标体系构建

地方政府社会建设绩效评估指标具有反映地方政府社会建设实际内容，为测量地方政府社会建设进展程度提供评价体系的作用，是地方政府社会建设绩效评估的核心。本章第一节对国内外地方政府社会建设绩效评估指标体系研究现状进行了综述与评论。第二节介绍了支撑本研究的实证背景与数据来源。第三节对绩效测量的两种途径进行了阐述。第四节明确地提出构建地方政府社会建设绩效评估指标体系的原则与思路，并根据调查数据，运用统计学方法，对主客观绩效测量指标进行了实证筛选。第五节，构建了地方政府社会建设绩效评估指标体系的总体框架。

第一节　地方政府社会建设绩效评估指标体系综述

一　国外相关指标体系的介绍

（一）美国政府绩效评估指标体系

张强认为，在美国，由于联邦各部门或项目的使命和职能目标不同，因此不存在一套统一的绩效指标体系；此外，在结果导向型评估模式下，有一些绩效指标的使用又具有相当的普遍性。他分别从效率和结果两个维度出发，将联邦政府绩效评估的常用指标分为效率评估指标体系和结果评估指标体系。其中，效率评估指标体系包括投入指标、产出指标、投入/产出比率指标和生产力指标；结果评估指标体系主要包括效果指标、质量指标和顾客满意度指标①。

何帆在《政府的质量》一文中②详细介绍了1998年美国著名经济学家史莱夫（Shleifer）等人以"政府促进经济增长"为题，提出的一份影响甚广且具有广泛争议的研究报告，名为《政府的质量》。这些学者认为，评价一个政府的标准应包括：政府干预（包括产权保护指数、商业管制指数、最高边际税率）、政府效率（包括腐败指数、官僚主义、税收服从和政府平均工资与人均GNP的比例）、公共产品的提供（包括婴儿成活率、学校教育、识字率、基础设施质量等）、公共部门的规模（包括转移支付和补贴在GDP中的比重、政府消费占GDP的比重、国有企业的规模、公共部门的雇佣量占总人口的比重等）、政治自由（民主指标和政治权利等）五个方面。

（二）英国政府绩效评估指标体系

在英国，中央政府和地方政府以改进政府绩效为出发点，从政府能力、成本和产出等三个角度，设计最优价值绩效指标。最优价值绩效指标的优势在于其有利于引导地方政府提升能力，降低成本，提高服务水平。如综合绩效评估框架（CPA Framework）就覆盖了资源利用（Use of Resources）、服务（Service）、市政当局（Corporate）三类

---

① 张强：《美国联邦政府绩效评估研究》，人民出版社，2009，第5页。

② 何帆：《政府的质量》，《国际经济评论》2000年第Z5期。

指标，其中，资源利用包括财务报告、财务管理、财务信用、内部控制、投资效益等5个次级指标；服务评价包括对地方政府提供的环境服务、住房服务、文化服务、消防服务的范围和幅度进行评价；市政当局评价主要是对地方政府的抱负、优先发展战略、能力、内部绩效管理、成就等方面进行评价①。

廖昆明归纳了英国政府绩效评估指标体系的演变过程，即经历了审计委员会绩效指标（Audit Commission Performance Indicators，AC-PIs）、最佳价值绩效指标（Best Value Performance Indicators，BVPIs）、地方绩效指标（Local Performance Indicators，LPIs）以及全面绩效评估体系（Comprehensive Performance Assessment，CPA）。目前，英国政府绩效评估指标体系已经形成了一套完整而严密的体系，主要由 BVPIs 和 CPA 两部分组成②。

BVPIs 是目前英国中央政府对地方政府进行绩效管理的基础性指标体系。每一年度都发表 BVPIs 所涉及的领域和达到的实际目标，2006～2007 年度，英国政府发布的 BVPIs 共计 77 个指标，案例如下。

案例：英国 2006～2007 年度 BVPIs 情况

2006～2007 年版共有 77 个指标，一是"总体健康状态指标"（Corporate Health Indicators），这类指标共16个（包括种族平等、税收、残疾人收入、退休人员比例等指标）。

二是"居住指标"（Housing Indicators），这类指标共计17个（包括住房补贴、房屋修缮、每周待在家里时间等指标）。

三是"环境指标"（Environment Indicators），这类指标共计31个

① 孙庆国：《英国地方政府绩效评估体系改革及对中国的启示》，《辽宁大学学报（哲学社会科学版）》2008 年第 4 期。
② 廖昆明：《英国的政府绩效管理体制和几点启示》，《公共管理高层论坛》2007 年第 1 期。

（包括家庭垃圾处理、街道社区垃圾回收、卫生环境记录等指标）。

四是"社区安全和福祉"（Community Safety and Well Being Indicators），这类指标共计 10 个（包括每千户家庭的盗窃，每千人口暴力犯罪、抢劫，地方处理种族事件等指标）。

五是"文化指标"（Culture Indicators），这类指标共计 3 个（包括每千人口参观和利用博物馆人数，每千人口博物馆参观人数、组织小学生参观博物馆和展览馆人数）。

（三）日本政府绩效评估指标体系

日本政府绩效评估对象以行政机构为主，包括进行公共管理的行政部门、提供公共服务的公共机构，还包括独立行政法人等公共事业机构。日本也有对政党的评估。但是，根据学者的研究状况，日本政府绩效评估主要集中于政策评价。在日本各府省政策评价中，政策目标量化的总体比例为：2002 年度为 34%，2003 年度为 50%，2004 年度为 56%，2005 年度为 55%。日本政府在行政评价、政策评价和事务事业评价中，都设定了较为系统的指标体系，并遵从三个原则：一是重视测定成果（或产出）的指标；二是使用能反映事实的数据；三是指标要体系化，即要形成行政评价体系[①]。

二　国内相关指标体系的介绍

（一）学者研究

1. 通用的政府绩效评估指标体系

"中国地方政府绩效评估体系研究"课题组提出包括发展指标、

---

① 袁娟：《日本政府绩效评估模式研究》，知识产权出版社，2010。

职能指标和潜力指标 3 层共 33 个指标构成我国地方政府绩效评估指标体系[①]；郑方辉等构建了涵盖促进经济发展、维护社会公正、保护生态环境、节约运作成本、提升公众满意度 5 个领域共 50 个指标构成的体系[②]；卓越提出部门指标与通用指标相结合、传统指标与现代指标相结合、正数指标与负数指标相结合、基本指标与修正指标相结合的指标方式，构建了适用于公共部门的指标体系[③]；范柏乃、朱华基于经济社会发展全方位框架提出包括行政管理、经济发展、社会稳定、教育科技、生活质量和生态环境 6 个领域共 37 个评估指标构成的体系[④]；彭国甫提出衡量地方政府公共事业管理绩效的业绩指标、成本指标、内部管理指标 3 个方面共 33 个指标构成的体系[⑤]；倪星构建了投入、管理过程、产出及结果共 65 个指标的地方政府绩效评价指标体系[⑥]；唐任伍、唐天伟等构建由财政支出引起的、由完成统计数据的、反映政府投入效果的 47 个主要指标，构成测评省级政府效率的指标体系[⑦]。

2. 专门的政府社会建设绩效评估体系

中山大学政治与公共事务管理学院陈天祥开辟了学者研究政府社会建设绩效评估指标体系的先河。他以投入、管理过程、产出及结果

① 中国地方政府绩效评估体系研究课题组：《中国政府绩效评估报告》，中共中央党校出版社，2009，第 58～59 页。
② 郑方辉等：《政府整体绩效评价指标的权重设计及实证检验——以广东省为例》，《甘肃行政学院学报》2009 年第 3 期。
③ 卓越主编《政府绩效管理概论》，清华大学出版社，2007，第 1～5 页。
④ 范柏乃、朱华：《我国地方政府绩效评价体系的构建和实际测度》，《政治学研究》2005 年第 1 期。
⑤ 彭国甫：《地方政府公共事业管理绩效评价指标体系研究》，《湘潭大学学报（哲学社会科学版）》2005 年第 3 期。
⑥ 倪星：《地方政府绩效评估指标的设计与筛选》，《武汉大学学报（哲学社会科学版）》2007 年第 2 期。
⑦ 唐任伍、唐天伟：《2002 年中国省级地方政府效率测度》，《中国行政管理》2004 年第 6 期。

的框架模型，以党的十七大报告第八个专题"社会建设"内容为依据，综合考虑政府管理的实际，从当代政府绩效评估所蕴含的民众本位的价值取向出发，引入公民满意度指标的设计，构建 5 大领域 67 项具体指标[①]，见表 3 - 1。

表 3 - 1　政府社会建设绩效评估指标体系

序号	领域	维度	评估指标	单位	数据来源
1	教育发展与教育公平	投入	政府教育支出占 GDP 的比重	%	财政、统计部门
2			人均教育经费支出	元	财政、教育部门
3		管理过程	公共财政对于弱势地区、学校、学生的支持	元	财政、教育部门
4			政策的合理性	分值	抽样调查
5			公平教育政策	分值	抽样调查
6		产出及结果	九年义务教育实现率	%	教育部门
7			每百名在校学生拥有专任教师数	人	教育部门
8			大学生毛入学率	%	教育部门
9			教育公平的实现程度	平均值、合格率等	教育部门
10			公民的满意度	%	抽样调查
11	社会保障	投入	政府社会保障支出占财政支出比重	%	财政部门
12			政府社会保障对弱势地区和人均的支持度	元	财政、社保部门
13			政策的合理性	分值	抽样调查
14		管理过程	弱势群体社会保障政策	分值	抽样调查
15			基本养老保险覆盖率	%	社保部门
16			基本医疗保险覆盖率	%	社保部门
17		产出及结果	居民最低生活保障覆盖率	%	民政、社保部门
18			失业保险覆盖率	%	社保部门
19			工伤保险覆盖率	%	社保部门
20			弱势群体的救助率	%	财政、民政部门
21			公民的满意度	分值	抽样调查

[①]　沈立人、戴园晨：《我国"诸侯经济"的形成及其弊端和根源》，《经济研究》1990 年第 3 期。

序号	领域	维度	评估指标	单位	数据来源
22	医疗卫生	投入	政府医疗卫生支出占 GDP 的比重	%	财政、卫生部门
23			财政支持弱势地区医疗卫生的投入	元	财政、卫生部门
24			政策的合理性	分值	抽样调查
25		管理过程	对弱势地区的医疗卫生支持政策	分值	抽样调查
26			突发公共卫生事件应急处理机制建设	分值	抽样调查
27			新型农村合作医疗参合率	%	卫生部门
28		产出及结果	农村自来水普及率	%	卫生部门
29			社区卫生服务人口覆盖率	%	卫生部门
30			婴儿死亡率（每千人的死亡率）	‰	卫生部门
31			孕产妇死亡率	人/10 万	卫生部门
32			人均期望寿命	岁	卫生部门
33			每万人拥有病床数	张	卫生部门
34			每万人拥有职业医生数	人	卫生部门
35			公众满意度	分值	抽样调查
36	公共安全与社会管理	投入	在公共安全与社会管理中的财政支出水平	%	财政部门
37			政府在公共安全与社会管理中人力资源投入水平	%	抽样调查
38		管理过程	政府突发性事件应急处理体系建设	分值	抽样调查
39			政府公共安全监管体系建设	分值	抽样调查
40		产出及结果	政府公共安全监管执行力	分值	抽样调查
41			万人发案率	起	公安部门
42			刑事案件破案率	%	公安部门
43			重大刑事案件破案率	%	公安部门
44			群体性事件数	件	公安部门
45			公众的安全感	分值	抽样调查
46			万车死亡率	人	公安部门
47			万车重伤率	人	公安部门
48			万车重大交通事故发生率	起	公安部门
49			重大火灾事故发生数量	起	公安部门
50			食品药品安全指数	分值	卫生部门

序号	领域	维度	评估指标	单位	数据来源
51	公共安全与社会管理	产出及结果	亿元 GDP 死亡率	人	公安、统计部门
52			亿元 GDP 重伤率	人	公安、统计部门
53			每万人公交车辆拥有量	辆	交通部门
54			城市管理秩序	分值	抽样调查
55	就业与分配公平	投入	政府就业与再就业的财政投入	%	财政部门
56			就业与再就业政策	分值	抽样调查
57		管理过程	公共就业服务体系建设	分值	抽样调查
58			促进分配公平政策及其执行	分值	抽样调查
59		产出及结果	城镇登记失业率	%	劳动部门
60			城镇再就业率	%	劳动部门
61			农村剩余劳动力转移率	%	劳动部门
62			残疾人员就业比率	%	民政部门
63			城镇居民基尼系数	—	统计部门
64			农村居民基尼系数	—	统计部门
65			地区之间收入差距	—	统计部门
66			城乡之间收入差距	—	统计部门
67			公众满意度	分值	抽样调查

资料来源：陈天祥《社会建设与政府绩效评估研究》，东方出版中心，2010，第36～39页。

国家行政学院经济学部张占斌对地方政府社会建设绩效考核指标体系进行了探讨。他认为，在加强对地方政府政绩考评指标研究中，应该特别重视对社会发展方面的指标设计和考核，同时要体现落实科学发展观精神和构建社会主义和谐社会的重要意义。他提出地方政府社会建设绩效考核指标体系的主要内容包括劳动就业、社会分配、社会保障、人力资源、科学技术、文学艺术、卫生保健、居民生活、社会安全9个二级指标252个三级指标①。

---

① 张占斌：《关于地方政府社会建设绩效考核指标体系的初步探讨》，《学习论坛》2009年第9期。

（二）政府范本

我国的政府绩效评估工作始于干部人事制度。带有法规性质的文件有 1949 年的《关于干部鉴定工作的规定》、1964 年的《关于科学技术干部管理工作条例试行草案》、1979 年的《关于实行干部考核制度的意见》、1984 年的《关于逐步推行机关工作岗位责任制的通知》、1993 年的《国家公务员暂行条例》。这些文件和法律法规是我国规范干部业绩考核的重要依据，为政府绩效考核从理论和实践上积累了宝贵经验[①]。

北京市早在 2007 年就成立了推进社会建设工作的专门机构，即北京市社会工作委员会、北京市社会建设办公室，在社会建设理论探索和实践推进方面取得了丰硕成果。为进一步扎实推进社会建设工作，落实中央相关文件精神，2011 年初，北京市社会工作委员会联合北京市发改委研究制定《北京市"十二五"社会建设规划》和《北京市社会建设考核指标体系》。其中社会建设考核指标体系大致包括社会服务、社会管理、社会参与、社会环境、社会关系 5 个方面 32 项具体指标。

2011 年 1 月 1 日，《中共深圳市委 深圳市人民政府关于加强社会建设的决定》（深委发〔2011〕1 号），对深圳市社会建设进行战略部署，制定深圳市社会建设考核指标体系，包括市民生活、公共服务、社区服务、社会管理、社会服务产业 5 个领域 31 项具体指标[②]，见表 3 - 2。

---

① 中国行政管理学会课题组：《政府部门绩效评估研究报告》，《中国行政管理》2006 年第 5 期。

② 深圳市社会建设考核指标体系，http：//www. sz. gov. cn/zfgb/2011/gb728/201101/t20110125_1632616. htm。

表3-2　深圳市社会建设考核指标体系

领域	序号	指标名称	单位	工作责任单位	统计责任单位
市民生活	1	常住人口增长率	%	各区（新区）、市发展改革委	市统计局
	2	平均预期寿命	岁	各区（新区）、市卫生人口计生委	市卫生人口计生委
	3	平均受教育年限	年	各区（新区）	市统计局
	4	居民人均可支配收入	元	各区（新区）	国家统计局深圳调查队
	5	恩格尔系数	%	各区（新区）	国家统计局深圳调查队
	6	保障性住房建筑面积增幅	%	各区（新区）、市住房建设局，市规划国土委	市住房建设局
公共服务	7	高中入学率	%	各区（新区）、市教育局	市教育局
	8	高等教育毛入学率	%	各区（新区）、市教育局	市教育局
	9	每万人病床数	张	各区（新区）、市卫生人口计生委	市卫生人口计生委
	10	每万人执业医生数	人	各区（新区）、市卫生人口计生委	市卫生人口计生委
	11	人均公共图书馆图书藏量	册	各区（新区）、市文体旅游局	市文体旅游局
	12	公共交通出行分担率	%	各区（新区）、市交通运输委	市交通运输委
	13	每万人社会组织数	个	各区（新区）、市民政局	市民政局
	14	每千名户籍老人机构养老床位数	张	各区（新区）、市民政局	市民政局
	15	职工基本养老保险参保率	%	各区（新区）、市人力资源和社会保障局	市人力资源和社会保障局
	16	社会事业和公共服务人均财政支出水平	元	各区（新区）、市财政委	市财政委
社区服务	17	每万人持证社工人数	人	各区（新区）、市民政局	市民政局
	18	社区服务设施达标率	%	各区（新区）、市民政局	市民政局
	19	居委会直选率	%	各区（新区）、市民政局	市民政局

续表

领域	序号	指标名称	单位	工作责任单位	统计责任单位
社会管理	20	登记失业率	%	各区（新区）、市人力资源和社会保障局	市人力资源和社会保障局
	21	残疾人就业率	%	各区（新区）、市残联	市残联
	22	国民经济各行业平均工资标准差系数	%	各区（新区）	市统计局
	23	主要农产品质量安全监测超标率	%	各区（新区）、市农业局，市市场监管局	市农业局
	24	食品生产监督抽查合格率	%	各区（新区）、市市场监管局	市市场监管局
	25	药品安全抽样合格率	%	各区（新区）、市药品监管局	市药品监管局
	26	亿元 GDP 生产安全事故死亡人数	人	各区（新区）、市应急办（安监局）	市应急办（安监局）
	27	每万人暴力案件立案数	宗	各区（新区）、市公安局	市公安局
	28	非户籍人口和出租屋登记率	%	各区（新区）、市综治办	市综治办
	29	生效案件执行率	%	各区（新区）、市法院	市法院
	30	社会治安满意度	%	各区（新区）	国家统计局深圳调查队
社会服务产业	31	社会服务产业增加值占 GDP 比重	%	各区（新区）	市统计局

（三）国内外地方政府社会建设绩效评估指标体系述评

在评价指标体系设计和选择上，国外将一些政策性的指标尽量定量化，从而易于操作。同时，根据不同发展阶段，国外研究者对指标体系结构不断做出相应调整。以上亮点有利于本研究借鉴和学习。由于国外没有社会建设绩效评估指标体系，因此，本书不再详述。以下总结国内社会建设绩效评估指标体系研究的特点有 4 个方面。

第一，从政府角度来看，从中央到地方，都意识到加强社会建设对转变发展方式，解决发展中不平衡、不协调的状况，根治当前诸多社会矛盾和问题的紧迫性和重要性，正加紧研究制定社会建设方面的文件和规划及考核指标体系。

第二，从学者研究角度来看，关于地方政府绩效评估方面的指标体系研究种类较多，但是，针对地方政府社会建设绩效评估的研究尚处于初始阶段，现有成果仅是一种理论框架，未有实证分析。正如陈天祥在其文中所说，"本研究所构建的指标体系只是一种尝试性探索，仅具有抛砖引玉之意，为相关的研究者和政府管理人员提供一种启发和参考，不意味着可以在政府管理实践中直接运用①"。

第三，无论政府的范本还是学者的研究，存在的共同问题是没有对地方政府社会建设绩效评估的内涵进行深入剖析；理论基础建构的指标体系没有较强的说服力和科学性，也不能反映地方政府社会建设的本质。

第四，无论是通用的还是专门的地方政府社会建设绩效评估指标体系，尽管都对公众满意度加以强调，但是，在实证研究中却不见这些体系的踪影，仅见客观绩效测量。这种状况不利于综合反映指标体系的全面性和结果的科学性，更无法体现"以人为本，民众本位"的绩效评估价值取向。

第二节　实证背景

2011 年，笔者导师陆学艺先生受成都市委、市政府委托承担"成都社会建设规划研究"课题调研工作，负责制定"成都市'十二五'社会建设规划"，设计"成都市社会建设考核指标体系""成都市社会阶层分析报告"三项工作任务。笔者作为课题组成员承担设计"成都市社会建设考核指标体系"任务，因此，借此有利时机收集了大量的一手数据和材料。根据研究需要，数据内容包括两个部分，第一部分，

---

① 陈天祥：《政府社会建设绩效评估框架体系探讨》，《中山大学学报（社会科学版）》2009年第2期。

主观绩效测量数据，主要来源于成都市 10 个区市（县级市）县 2011 年 2000 份"成都市社会建设状况调查"问卷，见附录 A；第二部分，客观绩效测量数据，主要来源于成都市 10 个区市（县级市）县 2001～2010 年 10 年间相关基础数据，并经过计算整理而得，数据通过上级部门向下级部门下发文件的形式收集，见附录 B。其中，部分客观指标数据通过历年统计年鉴、统计公报和第六次人口普查公告等资料查找获得。

一 成都市基本状况

（一）自然状况

成都有 2300 多年的历史，是四川省省会，是西部地区的政治、文化、经济中心，辖区面积 1.24 万平方公里，人口 1404.76 万人，是全国特大型城市、全国 15 个副省级城市之一。成都市下辖 10 区 4 市（县级市）6 县：锦江区、青羊区、金牛区、武侯区、成华区、龙泉驿区、青白江区、新都区、温江区、高新区；都江堰市、彭州市、邛崃市、崇州市；金堂县、双流县、郫县、大邑县、蒲江县、新津县①。

成都市将辖区划分为三个圈层，共同构成"全域成都"，即以锦江区、青羊区、成华区、武侯区、金牛区、高新区 6 个主城区为代表的是"一圈层"；以温江区、双流县、郫县、龙泉驿区、新都区、青白江区 6 个近郊区县为代表的是"二圈层"；以新津县、邛崃市、蒲江县、崇州市、大邑县、都江堰市、彭州市、金堂县 8 个远郊市（县级市）县为代表的是"三圈层"。

（二）社会建设状况

在社会建设方面，自 2003 年以来，成都市在全国率先开展统筹城

---

① 此处数据及行政辖区划分为 2010 年时点情况。

乡综合配套改革，进行城乡社会体制改革，先后出台一系列重大举措，社会建设取得明显成效。2010 年社会建设领域主要表现如下：民生社会事业投入占一般财政预算支出的 47.9%；人均受教育年限达到 9.3 年；人均预期寿命达到 77.02 岁；每万人社会组织数达到 4.04 个；城镇化率达到 65.75%；城乡收入差距缩小到 2.53∶1；议事会参与城乡社区基层自治走出基层治理新模式；城镇登记失业率为 2.54%，中产阶层占就业人口的 34.4%。以上指标数据均优于全国同期平均水平。

（三）经济建设状况

成都市很好地抓住了西部大开发、全国性乃至全球性的产业链梯度转移、震后重建等大好机遇，在社会建设取得明显突破的同时，助推了经济建设的高速发展。2010 年成都市地区生产总值达到 5551.3 亿元，比 2002 年增长 372%；2010 年的工业增加值为 2480.9 亿元，比 2002 年增长 444%，快速实现了工业化。经济总量、工业经济总量、人均 GDP 跃居西部第一，经济总量在全国 15 个副省级城市中排第五位（即在广州、深圳、杭州、青岛之后）。2010 年成都市地方财政一般预算收入达到 526.9 亿元，比 2002 年的 90.2 亿元，增长了 484.1%。雄厚的经济实力和财政实力为统筹城乡发展、加强社会建设奠定了物质基础。

二　调研过程介绍

整个调研过程共分为三个阶段，前后共约 50 天，详细内容见附录 H。

第一阶段：2011 年 4 月 17～30 日。该阶段，课题组与成都市发改委、政研室、政法委、统筹办、财税局、人社局、规划局、民政局、教育局、卫生局、住建局、公安局等 40 多个部门的负责人进行座谈。同时，课题组对成都市不同"圈层"的城区进行实地调研。通过部门座谈、基层实地调研和资料收集，课题组对成都市整体的社会建设状况有了较为深刻的认识。

第二阶段：2011 年 5 月 23 日至 6 月 15 日。在前一阶段调研基础上，为更深入地了解成都市居民对成都市社会建设整体状况的了解与诉求，特别是为了对成都市社会结构状况得以准确把握，课题组与成都市社会科学院、四川大学、四川省社会科学院的师生合作，对成都市社会建设状况进行了入户问卷调查。在开展问卷调查的同时，课题组成员还深入街道、乡镇、城乡社区、居民家中，进行实地考察、访谈，了解情况。

第三阶段：2011 年 7 月 24 日至 8 月 4 日。完成"成都市'十二五'社会建设规划"、"成都市社会建设考核指标方案"（见附录 G）、《成都市社会阶层分析报告》初稿，课题组经多次讨论修改，交付成都有关方面。

三 问卷设计与样本情况

（一）问卷设计

问卷设计方面，课题组征询了中国社会科学院、成都市社会科学院等有关专家的意见，形成初始问卷。为检验问卷的有效性和可行性，课题组分别在成都市城区和农村进行问卷的试调查。随后，课题组进行问卷的完善工作，最终形成"成都市社会建设状况调查问卷"，见附录 A。调查问卷由 6 部分组成，A 部分：住户成员；B 部分：个人工作状况；C 部分：家庭状况及消费；D 部分：社会问题评价；E 部分：社会态度；F 部分：公共服务与社会参与。

社会建设绩效满意度测量数据主要是通过"成都市社会建设状况调查问卷"的 E 部分获取，在问卷 E 部分社会态度的 E2 题设置的"您对您所在地方政府的下列方面是否满意"，共计 12 题，按地方政府社会建设绩效满意度测量指标体系的三个维度，其中，民生社会事业绩效满意度测量指标包括医疗卫生、社会保障、义务教育、劳动就业、社会救助；社会管理绩效满意度测量指标包括社会治安、环境卫生、交通状况；社会规范绩效满意度测量指标包括惩治腐败、司法公正、干部作风、社会诚信。满意度选项按很不满意 =1、不大满意 =2、一般 =3、比较满意 =4、很满意 =5 的选择方式进行选项设置。

（二）抽样方法

根据成都市各区市（县级市）县人口结构及区域特征，按 PPS（概率比例规模抽样）抽样方法，分区、街道、乡镇、城镇社区、村，共抽取成都市 2000 户家庭作为样本框，共涉及 10 个区市（县级市）县，其中成华区（双桥子街道的 4 个社区、双水碾街道的 4 个社区）、武侯区（玉林街道 4 个社区、簇桥街道 4 个社区）、金牛区（金泉街道 4 个社区、人民北路街道 4 个社区）、青羊区（西御河街道 4 个社区、东坡街道 3 个社区）、龙泉驿区（龙泉街道 4 个社区、西河镇 4 个社区）、新津县（五津镇 1 个社区 3 个村、普兴镇 2 个社区 2 个村）问卷各 200 份；锦江区、高新区（肖家河街道 4 个社区）问卷各 100 份；都江堰市（安龙镇 4 个社区、灌口镇 4 个社区、柳街 4 个村）、双流县（九江镇 4 个社区、永兴镇 4 个村、永安镇 4 个村）问卷各 300 份。10 个区市（县级市）县的抽取完全体现"全域成都"的区域划分，以及不同相关利益者对社会建设情况的反映，样本有较好的代表性。调查对象选取应用 Kish（Kish Gird sampling）表入户选样[①]与直接访问被访者本人相结合的方式。"成都市社会建设状况调查问卷"共发放 2000 份，其中个别问卷年龄、户口性质、户口所在地出现缺失值、不清楚、

---

① 程中兴：《Kish 选择法在中国社会研究中的应用》，《统计研究》2009 年第 10 期。

不适用状况，但并不影响满意度量表数据的真实性和有效性，因此有效问卷回收率为100%，抽样流程如图3-1所示。

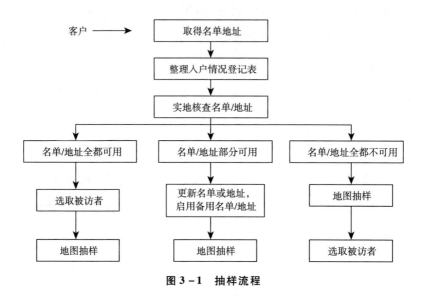

图 3-1　抽样流程

本次调查由中国社会科学院社会学研究所、四川省社会科学院、成都市社会科学院、北京工业大学、四川大学师生组成的问卷调查组完成，调查员由四川大学、四川省社会科学院100名研究生组成，分为10个小组，每组配备一名老师作为督导，负责一个调查区域。2011年5月30日，课题组对调查员和督导进行了问卷培训。问卷调查时间从2011年6月1日开始，6月15日顺利结束。为保障问卷调查顺利推进，成都市有关方下发"关于做好'成都市社会建设状况调查'课题组问卷调查相关工作的通知"见附录C。

（三）样本情况

2000份"成都市社会建设状况调查问卷"的基本情况，见表3-3，详细分析见第七章。

表 3 - 3　"成都市社会建设状况调查"问卷基本特征

单位：人，%

样本特征		人数	百分比	样本特征		人数	百分比
性别	男	959	48.00	民族	汉	1976	98.80
	女	1041	52.00		满	2	0.20
年龄	18～25 岁	146	7.30		回	7	0.40
	26～40 岁	534	26.70		藏	1	0.00
	41～55 岁	690	34.50		壮	1	0.00
	56～69 岁	623	31.15		其他	13	0.60
	缺失值	7	0.35	户口性质	农业户口	992	49.60
文化程度	未正式接受教育	75	3.80		非农业户口	1005	50.20
	小学	390	19.50		不清楚	3	0.20
	初中	735	36.80	户口所在地	本地址	1557	77.80
	高中	340	17.00		本区/县其他街道	86	4.40
	技校、职高、中专	108	5.40		本市其他区	102	5.20
	大专	190	9.50		本省其他市	201	10.00
	本科	146	7.30		外省/自治区/直辖市	53	2.60
	研究生	16	0.70		不适用	1	0.00

（四）数据处理

满意度指标数据方面，课题组采用 SPSS19.0 统计软件对数据进行录入和数据的基本分析。

第三节　地方政府社会建设绩效评估指标体系的基本内容

一　主客观绩效测量

对绩效的测量一般有两种途径，即客观绩效测量和主观绩效测量。由于数据来源、样本数量、指标类型的不同，本研究将在第四章进行地方政府社会建设主观绩效测量（通常用满意度测量）；将在第五章进行地方政府社会建设客观绩效测量。

（一）主观绩效测量

主观绩效测量通常是通过了解公众对政府或其他组织绩效的满意程度而获得实证研究所需数据，而后得到绩效评价结果，常用的方法是满意度问卷调查。

（二）客观绩效测量

客观绩效测量主要是通过统计年鉴、统计报表和相关的事实资料获得实证研究所需数据，进而进行绩效评价，得到绩效结果。

二　构建原则

（一）科学性原则

科学性原则主要体现在理论和方法的科学性上。首先要以社会建设理论和政府绩效评估理论为指导，使地方政府社会建设绩效评估指标体系在基本概念和逻辑结构上严谨、合理、规范。其次，无论采用哪种定量方法，选择哪种计量模型，必须与实际能够获取的数据相结合。

（二）系统性原则

地方政府社会建设绩效评估系统是由民生社会事业、社会管理、社会结构、社会规范等绩效子系统综合集成的，各个子系统必须通过一些相应的评价指标才能反映出来，这就要求建立的评价指标体系具有广泛的覆盖面，能够充分反映地方政府社会建设系统性特征。同时，指标体系中的每个具体指标都是经过科学的方法筛选而得出，并且每个指标要素都能充分反映政府社会建设的某一个重要方面。

（三）可操作性原则

地方政府社会建设绩效评估指标体系是为了在政府绩效评价实践中得到应用。这就要求所建立的指标体系具有可行性和可操作性；指标设计具有先进性、科学性、合理性；指标数据易采集、可量化；指标应用具有实效性。

（四）导向性原则

地方政府社会建设绩效评估指标体系的直接目的是改进政府绩效评价，使各级政府将社会建设工作纳入政绩考核中，建立科学的政府绩效评价体系和经济社会发展综合评价体系，引导各级政府将社会建设与经济建设摆在同等重要的地位，促进经济社会协调发展。

三　构建思路

本研究借鉴国内外已有研究成果，客观体现地方政府社会建设绩效评估内涵特征与构成，依据地方政府社会建设绩效评估指标体系设计原则，以"结果导向模式"为分析框架，从民生社会事业绩效、社会管理绩效、社会结构绩效、社会规范绩效四个维度构建地方政府社会建设绩效评估指标体系，如图 3-2 所示。

本研究将地方政府社会建设绩效评估指标按以结果为导向的政府绩效评估管理模式划分为民生社会事业绩效、社会管理绩效、社会结构绩效、社会规范绩效四个功能模块。在具体设置每个功能模块及具体指标内容时，按照地方政府社会建设绩效管理职能和具体工作部门来设计，如图 3-3 所示。

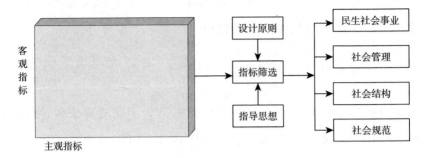

图 3 - 2　地方政府社会建设绩效评估指标体系甄选模型

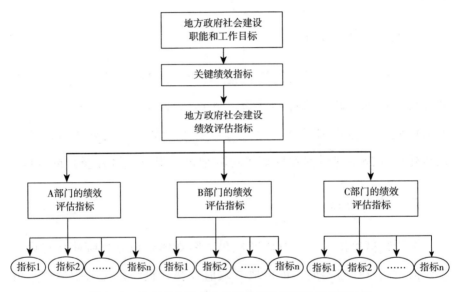

图 3 - 3　地方政府社会建设绩效评估指标层级分解示意

　　地方政府社会建设绩效评估中存在主观和客观两种不同的指标类型。不同性质的指标,其评价标准、指标筛选和处理方式、评价方法也不相同。因此,本研究的主观绩效测量和客观绩效测量采用了两种不同的测量方式,同时,采取了结构方程模型法和层次分析法两种不同的测量方法。

第四节　地方政府社会建设绩效评估指标体系的筛选

本节首先应用模糊数学隶属度分析方法对主客观绩效测量指标体系进行初步筛选，之后通过 SPSS19.0 对主客观绩效测量指标进行相关分析，以及信度和效度检验，最终，得到地方政府社会建设主客观绩效评估指标体系总体框架。

一　隶属度分析

隶属度概念来自模糊数学。社会经济生活中存在大量模糊现象，其概念外延不是很清楚，无法用经典集合论来描述。某一个元素对于某个集合（概念）来说，不能说是否属于，只能说在多大程度上属于。元素属于某个集合的程度称为隶属度。本研究把地方政府社会建设绩效评估体系 X 视为一个模糊集合，把每个评估指标视为其中的一个元素，对每个评估指标进行隶属度分析。

根据已有相关文献研究成果，并进行专家咨询，本研究建立了由110 个指标构成的指标库，之后将初步筛选的 85 个指标体系设计成专家咨询表，专家选取范围既要考虑到地域性、领域性、专业性，同时也要考虑问卷的可回收性。出于发挥地域性的优势，减少成本的考虑，将经过初步筛选的指标专家咨询表发给北京工业大学、中国社会科学院、国家行政学院、四川省社会科学院、成都市社会科学院、哈尔滨工程大学、华北科技学院等高校与科研院所，专家的研究领域包括社会学、管理学、经济学、法学等学科专业，同时将专家咨询表发给成都市发改委、教育局、卫生局等相关部门，共计 350 份。要求从 85 个指标中选出最具有地方政府社会建设代表性和特征的 30 个指标。最后，回收专家咨询问卷 230 份，有效专家咨询问卷 190 份。

利用隶属度指标筛选方法，假设第一阶段的评估指标体系 $X^{(1)}$，在第 i 个评估指标 X_i 上，专家选择的总次数为 M_i，即共有 M_i 位专家认为 X_i 是评估地方政府社会建设绩效评估指标中最为理想的指标，那么该评估指标的隶属度为：$R_i = M_i/190$，若 R_i 值很大，表明该指标在很大程度上属于模糊集合，即评估指标 X_i 在评估体系中很重要，可以保留下来进入第二阶段评估指标的筛选；反之评估指标则必须删除。通过对 190 份有效专家咨询表的统计分析，分别得到 85 个评估指标的隶属度，删除了隶属度低于 0.5 的 46 个评估指标，保留了其中的 39 个评估指标，构成地方政府社会建设绩效评估指标体系第二阶段评估指标 $X^{(2)}$。

二 相关分析

为避免经过第二轮筛选的指标重复和主观随意性，保证指标的客观性，需要对指标进行相关分析，删除高度相关的指标，此轮筛选将相关系数大于 0.8 的指标删除。需要说明的是，指标相关分析需要数据的支持，数据的采集由成都市委宣传部社会办协助完成，其中客观指标数据由下发文件形式收集获得，前文已述。

在 39 个指标中，客观指标 27 个，主观指标 12 个。本研究运用 SPSS19.0 对 $X^{(2)}$ 进行相关分析，得到由 39 个指标构成的相关系数矩阵。在相关系数矩阵中共有 7 对评估指标相关系数大于 0.8，本研究删除了其中隶属度相对较低的 7 个评估指标（见表 3 - 4），保留其中 32 个评估指标构成地方政府社会建设绩效评估指标体系 $X^{(3)}$。

表 3 - 4　相关系数大于临界值 0.8 的评估指标

保留的评估指标（X_i）	删除的评估指标（X_i）	相关系数
城镇化率	人口自然增长率	0.912
城乡居民养老保险覆盖率	人口预期寿命	0.857

保留的评估指标（X_i）	删除的评估指标（X_i）	相关系数
每万人执业（助理）医师数	城乡居民医疗保险覆盖率	0.823
亿元 GDP 安全生产事故死亡人数	每十万人交通、火灾事故死亡人数	0.846
每万人刑事立案数	每万人治安案件立案数	0.923
信访案件结案率	人民调解、行政调解、司法调解成功率	0.857
每万人社会组织数	每万人社区社会组织数量	0.934

三　信度与效度分析

通过隶属度 $X^{(2)}$ 分析、相关分析 $X^{(3)}$，本研究提高了指标体系的可靠性，但为了确保绩效评估结果更加精确，对地方政府社会建设绩效评估指标体系第三轮评估指标体系 $X^{(3)}$ 进行信度和效度检验，得到第四轮评估指标体系 $X^{(4)}$。

（一）绩效满意度测量指标信度检验与效度分析

1. 绩效满意度测量指标的信度检验

对于量表的内部一致性信度的评价是主流且效果较好的信度评定方法，可以用克朗巴赫系数（Cronbach）内部一致性系数（∂ 系数）来衡量。一般认为，一个量表的 ∂ 系数如果大于 0.7，则说明该量表的内部一致性程度较好，也有学者认为 ∂ 系数大于 0.8，还有一些学者则认为 ∂ 系数大于 0.6，量表就可以勉强使用[①]。本研究中信度检验结果分别为：民生社会事业绩效满意度测量指标 ∂ 系数为 0.832、社会管理绩效满意度测量指标 ∂ 系数为 0.766；社会规范绩效满意度测量指标 ∂ 系数为 0.844（见表 3 - 5）。

---

① 陈天祥、宁静：《社会建设绩效测量：一项公民满意度调查》，《中山大学学报（社会科学版）》2010 年第 2 期。

表 3 – 5　信度分析结果

	民生社会事业绩效满意度测量指标	社会管理绩效满意度测量指标	社会规范绩效满意度测量指标
Cronbach's Alpha	0.832	0.762	0.845
Cronbach's Alpha Based on Standardized Items	0.832	0.766	0.844

2. 绩效满意度测量指标的效度分析

效度是指研究得到的测量值和真实值的接近程度。如果研究的测量值效度越高，则说明测量的结果越能表示出所要测量对象的真实特征。本研究采用因子分析法来检验满意度量表的结构效度。结果显示，抽样适度测定值（Kaiser – Meyer – Olkin Measure of Sampling Adequacy）中民生社会事业绩效满意度指标 KMO 值 = 0.842，社会管理绩效满意度指标 KMO 值 = 0.712，社会规范绩效满意度指标 KMO 值 = 0.795，均大于 0.7，可以认为对其进行因子分析的效果比较好，同样 Bartlett's 检验的结果同样较好（见表 3 – 6）。

表 3 – 6　效度分析结果

KMO 和 Bartlett's Test		民生社会事业绩效满意度测量指标	社会管理绩效满意度测量指标	社会规范绩效满意度测量指标
Kaiser – Meyer – Olkin Measure of Sampling Adequacy		0.842	0.712	0.795
Bartlett's Test of Sphericity	Approx. Chi – Square	3.469×10^3	1.730×10^3	3.578×10^3
	df	10	6	6
	Sig.	0.000	0.000	0.000

可见，经过层层筛选获得的指标应用于实际中得到了很好的拟合效果，12 个绩效满意度测量指标均通过了信度与效度检验，由此构成地方政府社会建设绩效满意度评价指标体系（见表 3 – 7）。

082

表 3 - 7 地方政府社会建设绩效满意度评价指标体系

分类指标	单项评价指标	单位
民生社会事业主观绩效评价指标	居民对义务教育满意度	%
	居民对医疗卫生服务满意度	%
	居民对社会保障满意度	%
	居民对社会救助满意度	%
	居民对劳动就业满意度	%
社会管理主观绩效评价指标	居民对社会秩序满意度	%
	居民对保护环境满意度	%
	居民对交通出行状况满意度	%
社会规范主观绩效评价指标	居民对惩治腐败满意度	%
	居民对司法公正满意度	%
	居民对干部作风满意度	%
	居民对社会诚信满意度	%

(二) 客观绩效测量指标信度检验与效度分析

1. 客观绩效测量指标体系的信度检验

客观绩效测量指标体系的信度检验，遵照上一小节中阐述的信度、效度检验原则，根据客观绩效测量指标体系不同维度进行信度检验。首先对民生社会事业、社会管理、社会结构三个领域客观绩效测量指标进行 ∂ 检验，如果未通过检验，则对客观绩效测量各领域指标整体进行信度分析，看其 Corrected Item - Total Correlation 取值是否低于 0.7，如果高于此值，则为通过检验，否则将该指标删除，再进行检验。

通过对民生社会事业客观绩效测量指标信度检验，∂ 值为 0.67，低于 0.7，并对客观绩效测量各指标进行总计统计量检验（见表 3 - 8），得到人均受教育年限、每万人医院和卫生院病床数、城乡居民医疗保险覆盖率 3 个指标的 Corrected Item - Total Correlation 值均低于 0.7，因此予以删除（见表 3 - 9）。之后重新进行信度效度检验得到 ∂

值为 0.889，其余指标通过信度检验（见表 3-10）。

表 3-8　民生社会事业客观绩效测量指标信度 ∂ 值检验

Cronbach's Alpha	Cronbach's Alpha Based on Standardized Items	N of Items
0.67	0.833	7

表 3-9　民生社会事业客观绩效测量指标项总计统计量检验

指标	Scale Mean if Item Deleted	Scale Variance if Item Deleted	Corrected Item – Total Correlation	Cronbach's Alpha if Item Deleted
每万人发明专利数（件）	1990.988	822372.396	0.769	0.815
每万人大学学历人数（人）	138.735	4499.311	0.796	0.815
人均受教育年限（年）	1983.699	824607.320	0.477	0.818
每万人执业（助理）医师数（人）	1970.910	813267.534	0.868	0.804
每万人医院和卫生院病床数（张）	1948.467	801316.513	0.455	0.888
城乡居民养老保险覆盖率（%）	1951.921	783277.127	0.749	0.863
城乡居民医疗保险覆盖率（%）	1949.478	697245.517	0.392	0.842
每千名老年人享有社会养老机构床位数（张）	1985.551	825228.545	0.885	0.819

表 3-10　民生社会事业客观绩效测量指标信度 ∂ 值再检验

Cronbach's Alpha	Cronbach's Alpha Based on Standardized Items	N of Items
0.889	0.832	5

因此，通过信度检验删除民生社会事业 3 项客观绩效测量指标，保留每万人发明专利数、每万人大学学历人数、每万人执业（助理）医师数、城乡居民养老保险覆盖率、每千名老年人享有社会养老机构床位数 5 项指标。

通过信度检验，社会管理客观绩效测量指标 ∂ 值为 0.845，通过信度检验，因此，各指标均予以保留（见表 3-11）。

表 3-11　社会管理客观绩效测量指标信度 ∂ 值检验

Cronbach's Alpha	Cronbach's Alpha Based on Standardized Items	N of Items
0.845	0.889	6

由于社会结构客观绩效测量指标的 ∂ 值为 0.53，低于 0.7，需要对各指标进行整体信度分析（见表 3-12），得到城镇登记失业率指标未通过检验，其 Corrected Item - Total Correlation 值低于 0.7，因此予以删除（见表 3-13）。其余指标予以保留，本研究对其进行重新信度检验，得到结果（见表 3-14）。

表 3-12　社会结构客观绩效测量指标信度 ∂ 值检验

Cronbach's Alpha	Cronbach's Alpha Based on Standardized Items	N of Items
0.53	0.811	6

表 3-13　社会结构客观绩效测量指标项总计统计量检验

指标	Scale Mean if Item Deleted	Scale Variance if Item Deleted	Corrected Item - Total Correlation	Cronbach's Alpha if Item Deleted
城镇化率（%）	130.706	973.404	0.815	0.894
城镇登记失业率（%）	182.975	2464.932	0.417	0.700
第三产业从业人员占三产就业人员比重（%）	134.831	935.627	0.859	0.761
城乡收入比	184.461	2456.348	0.706	0.798
恩格尔系数（%）	146.926	2705.121	0.764	0.760
中产阶层占就业人口比例（%）	151.841	1286.792	0.874	0.808

表 3 - 14　社会结构客观绩效测量指标信度 ∂ 值再检验

Cronbach's Alpha	Cronbach's Alpha Based on Standardized Items	N of Items
0.800	0.843	5

因此，本研究得到社会结构客观绩效测量指标城镇化率、第三产业从业人员占三产就业人员比重、城乡收入比、恩格尔系数、中产阶层占就业人口比例 5 项指标。

2. 客观绩效测量指标体系的效度检验

通过信度检验后，本研究对客观绩效测量指标体系进行整体效度检验，均通过检验，得到运算结果（见表 3 - 15）。

表 3 - 15　民生社会事业、社会管理、社会结构客观绩效测量指标效度检验

KMO and Bartlett's Test		民生社会事业客观绩效指标	社会管理客观绩效指标	社会结构客观绩效指标
Kaiser - Meyer - Olkin Measure of Sampling Adequacy		0.801	0.815	0.729
Bartlett's Test of Sphericity	Approx. Chi - Square	249.888	69.820	402.681
	Df	10	15	10
	Sig.	0.000	0.000	0.000

经过对客观绩效测量指标体系的信度与效度检验，最终，本研究得到由 16 个指标组成的地方政府社会建设客观绩效指标体系（见表 3 - 16）。

表 3 - 16　地方政府社会建设客观绩效评价指标体系构成

分类评价指标	单项评价指标	单位
民生社会事业客观绩效评价指标	每万人发明专利数	件
	每万人大学学历人数	人
	每万人执业（助理）医师数	人
	城乡居民养老保险覆盖率	%
	每千名老年人享有社会养老机构床位数	张

分类评价指标	单项评价指标	单位
社会管理客观绩效 评价指标	每万人社会组织数	个
	每万人劳动争议案件数	件
	信访案件结案率	%
	食品、药品抽检合格率	%
	亿元 GDP 安全生产事故死亡人数	人
	每万人刑事案件立案数	件
社会结构客观绩效 评价指标	城镇化率	%
	第三产业从业人员占三产就业人员比重	%
	城乡收入比	－
	恩格尔系数	%
	中产阶层占就业人口比例	%

第五节　地方政府社会建设绩效评估
指标体系的总体框架

地方政府社会建设绩效评估指标体系的总体框架由主客观绩效评价指标共同构成,指标体系的第一层即目标层指标为综合评价指标,这里指的是地方政府社会建设绩效满意度评价指标体系和地方政府社会建设客观绩效评价指标体系;主客观绩效评价指标体系的第二层由分类评价指标构成;主客观绩效评价指标体系的第三层由单项评价指标构成。

一　绩效满意度评价指标体系构成

绩效满意度指标体系反映了该地区公民对该地区社会建设业绩的总体感觉,通常用公民满意度来表示。本研究中绩效满意度评价指标体系包括3类12项具体指标(见表3－7)。

民生社会事业绩效满意度评价指标体系包括居民对义务教育满意

度、居民对医疗卫生服务满意度、居民对社会保障满意度、居民对社会救助满意度、居民对劳动就业满意度，突出反映居民对本地区的民生事业、社会事业领域的业绩的满意情况。

社会管理绩效满意度评价指标体系包括居民对社会秩序满意度、居民对保护环境满意度、居民对交通出行状况满意度，突出反映居民对本地区社会治安、环境卫生、交通出行状况的业绩的满意情况。

社会规范绩效满意度评价指标体系包括居民对惩治腐败满意度、居民对司法公正满意度、居民对干部作风满意度、居民对社会诚信满意度，突出反映居民对本地区政府惩治腐败、司法公正、干部作风、社会诚信领域的业绩的满意情况。

二　客观绩效评价指标体系构成

客观绩效评价指标体系反映该地区财政实际投入社会建设领域方面而获得的产出结果，通常由收集到的基础数据计算得出具体指标值。本研究中客观绩效评价指标体系包括 3 类 16 项具体指标（见表 3－16）。

民生社会事业客观绩效评价指标体系包括每万人发明专利数、每万人大学学历人数、每万人执业（助理）医师数、城乡居民养老保险覆盖率、每千名老年人享有社会养老机构床位数，涵盖了科技、教育、卫生医疗、社会保障等领域，反映民生事业、社会事业客观实际达到的业绩情况，突出反映该地方政府在民生社会事业等公共产品供给方面的业绩。

社会管理客观绩效评价指标体系包括每万人社会组织数，每万人劳动争议案件数，信访案件结案率，食品、药品抽检合格率，亿元GDP安全生产事故死亡人数，每万人刑事案件立案数。根据当前及未来作为社会建设领域的社会管理发展趋势及特征，选取涵盖社会组织，劳动关系，信访，食品、药品安全，生产安全，社会治安等具有鲜明代表性的指标，突出反映该地方政府社会管理绩效情况。

社会结构客观绩效评价指标体系包括城镇化率、第三产业从业人员占三产就业人员比重、城乡收入比、恩格尔系数、中产阶层占就业人口比例，涵盖了城乡结构、就业结构、收入结构、阶层结构等领域。社会结构调整是社会建设的核心任务，是反映社会建设业绩的重要指标。

三　地方政府社会建设绩效评估指标体系总体框架

地方政府社会建设绩效评估指标体系由 4 类 28 个指标构成，见表 3–17。指标说明与计算公式，见附录 D。

表 3–17　地方政府社会建设绩效评估指标体系

序号	分类评价指标	单项评价指标	单位
1		每万人发明专利数	件
2		每万人大学学历人数	人
3		每万人执业（助理）医师数	人
4		城乡居民养老保险覆盖率	%
5	民生社会事业绩效 评价指标	每千名老年人享有社会养老机构床位数	张
6		居民对义务教育满意度	%
7		居民对医疗卫生服务满意度	%
8		居民对社会保障满意度	%
9		居民对社会救助满意度	%
10		居民对劳动就业满意度	%
11		每万人社会组织数	个
12		每万人劳动争议案件数	件
13		信访案件结案率	件
14		食品、药品抽检合格率	%
15	社会管理绩效 评价指标	亿元 GDP 安全生产事故死亡人数	人
16		每万人刑事立案数	%
17		居民对社会治安满意度	%
18		居民对保护环境满意度	%
19		居民对交通状况满意度	%

续表

序号	分类评价指标	单项评价指标	单位
20	社会结构绩效 评价指标	城镇化率	%
21		第三产业从业人员占三产就业人员比重	%
22		城乡收入比	—
23		恩格尔系数	%
24		中产阶层占就业人口比例	%
25	社会规范绩效 评价指标	居民对惩治腐败满意度	%
26		居民对司法公正满意度	%
27		居民对干部作风满意度	%
28		居民对社会诚信满意度	%

本章首先评述国内外地方政府社会建设绩效评估指标体系。其次，介绍研究背景与数据来源。再次，明确本研究采用主客观绩效测量相结合的方式，根据地方政府社会建设绩效评估的理论基础，明确地方政府社会建设绩效评估指标体系构建的原则、构建的思路，根据调查数据，利用模糊数学隶属度分析方法、相关分析方法、信度和效度检验方法对指标进行实证筛选。最后，构建地方政府社会建设绩效评估指标体系理论框架，为下文模型构建与实证研究奠定理论基础。

第四章　地方政府社会建设绩效满意度评估的 SEM 模型与实证研究

政府绩效评估除客观的数据考核外，在现代社会领域需要注意公众主观的心理感受，亦即所谓公众对政府的"施政满意度"的测评。公民参与政府绩效评估的理念正在被人们所认同，公众评议政府的做法越来越普遍[①]。公民参与评估的政府绩效与民众满意度具有很强的内在逻辑关系[②]。尽管许多学者都指出公众满意度评价对政府绩效评估具有重要的意义，但是，学界缺乏对测量公众满意度的指标体系和方法的研究[③]。

社会建设的原则是以人为本，实现公平正义。因此，要全方位测评地方政府在社会建设过程中的公共责任，以公众满意度为价值取向的绩效测量方式是满足社会建设原则和绩效评估的必然选择。而评价模型是评价主体对评价客体的价值体系结构在形式上的概括[④]，构建评价模型，对指标数据进行技术操作是评价过程中的关键环节，也是准确得出结论的重要途径和保障。本章引入公民满意度的主观绩效测

---

① 陈天祥:《"十二五"时期政府需加强社会建设的绩效评估》,《学习月刊》2011 年第 5 期。
② 闫章荟:《民众满意度在政府绩效评估中的应用》,《湖南农业大学学报（社会科学版）》2008 年第 5 期。
③ Halachmi, Arie, "Community Disaster: Implication for Management Midwest", *Review of Public Administration*, 1978, 12 (4): 71 - 279.
④ 杜栋等:《现代综合评价方法与案例精选》（第 2 版），清华大学出版社,2008,第 62 页。

量方式，利用结构方程模型方法，构建地方政府社会建设绩效满意度评估模型，结合成都市 10 个区市（县级市）县 2000 份"成都市社会建设状况调查问卷"数据，对这 10 个区市（县级市）县社会建设绩效满意度进行实证分析。

第一节　结构方程模型方法简介

一　结构方程模型概念

结构方程模型[①]（Structural Equation Model，SEM）是近 20 年应用统计学领域发展最迅速的一个分支。它是一种实证分析模型方法，通过寻找变量间内在的结构关系验证某种结构关系或模型的假设是否合理、模型是否正确，并且如果模型存在问题，可以指出如何加以修正。结构方程模型可同时分析一组具有相互关系的方程式，尤其是具有因果关系的方程式。这种可同时处理多组变量之间关系的能力，有助于研究者开展探索性分析和验证性分析。在结构方程模型中，对于所研究的问题，无法直接测量的变量被记为潜变量（Latent Variable）；可以直接测量的变量被记为观测变量（Manifest Variable）。

二　结构方程模型原理

结构方程模型包括测量模型和结构模型。测量模型描述潜变量与指标之间的关系。结构方程模型描述潜变量之间的关系。

（一）测量模型

对于潜变量与指标间的关系，通常写成如下的测量方程：

---

① 侯杰泰、温忠麟、成子娟：《结构方程模型及其应用》，教育科学出版社，2004。

$$x = \Lambda_x \xi + \partial$$

$$y = \Lambda_y \eta + \varepsilon$$

其中，

x ——外生变量组成的向量。

y ——内生变量组成的向量。

Λ_x ——外生变量与外生潜变量之间的关系，是外生变量在外生潜变量上的因子负荷矩阵。

Λ_y ——内生变量与内生潜变量之间的关系，是内生变量在内生潜变量上的因子负荷矩阵。

∂ ——外生变量 x 的误差项。

ε ——内生变量 y 的误差项。

（二）结构模型

对于潜变量之间的关系，通常写成如下结构方程：

$$\eta = B\eta + \Gamma\xi + \zeta$$

η ——内生潜变量。

ξ ——外生潜变量。

B ——内生潜变量之间的关系。

Γ ——外生潜变量对内生潜变量的影响。

ζ ——结构方程的残差项，反映了 η 在方程中未能被解释的部分。

潜变量的关系，即结构模型，通常是研究的重点，所以整个分析也称为结构方程模型。

三　结构方程模型应用步骤

在应用结构方程模型过程中，首先需要提出多个自变量和因变量之间、多个自变量相互之间因果关系的假设，建立变量关系模型；

其次根据获得的数据求出各变量之间的相关矩阵，根据相关矩阵对模型进行比较和评估，如果变量之间的关系与假设的模型中的关系一致，即说明模型被验证了。具体而言，结构方程模型包括以下几个步骤。

（一）构建模型

依据正确的理论或过去的研究成果设定假设的初始模型。

（二）模型识别

模型识别是建立模型的重要阶段，该阶段决定所指定的模型是否能得到系统各个自由参数的唯一估计值。模型识别的一个必要条件是"模型的自由参数不能多于观察数据的方差和协方差总数"。

（三）模型拟合

将观察数据与统计模型相拟合，并用一定的拟合指标对其拟合程度加以判断。

（四）模型评估

在已有的理论范围内，考察该模型是否较充分地解释客观数据。

（五）模型修正

如果模型不能很好地与数据拟合，就需要通过对参数的再设定增进模型的拟合程度。具体修正方式是剔除不合理变量或变量间不存在的关系路径，保留合理变量和变量的关系路径。

四　结构方程模型应用于评价的优越性

结构方程模型集合多种传统统计分析方法的优点，已在社会学、心理学、教育学、管理学等领域广泛引用。相对而言，结构方程模型具有以下优点。

（一）同时处理多个因变量

一般而言，绝大多数统计模型只容许模型中有一个因变量，但在人文社会科学领域，一个自变量往往会影响到多个因变量。而结构方程模型允许多个因变量并存的情况。

（二）容许自变量和因变量含测量误差

在传统的计量模型方法中，自变量通常都是默认可以直接得到的测量，不存在观察误差。但在人文社会科学领域，模型所涉及的自变量不可能直接观测，必须通过其他途径获得，因此，这样必然导致观测存在一定的误差。比如，主观态度等变量往往含有误差，也不能简单用单一指标测量。结构方程模型能将这种误差有机地纳入模型，加强模型对实际问题的解释力。

（三）同时估计因子结构和因子关系

假设要了解潜变量之间的相关系数，每个潜变量都用多个指标测量，一个常用的做法是对每个潜变量，先用因子分析计算潜变量与指标的关系，进而得到因子得分，并将因子得分作为潜变量的观测值，进一步计算因子得分的相关性，作为潜变量之间的相关系数，这是两个独立的步骤。然而，前后两次所考虑的对象和范围的不同，导致两个步骤之间存在不可避免的误差。结构方程模型的优势在于，既能估计出因子之间内在的包含关系，构造各个变量之间的结构；又能同时根据观察变量的观测值得到各个因子之间的相互影响关系。这避免了因为考察范围不同而出现误差的情况。

（四）估计整个模型的拟合程度

在传统路径分析中，我们只估计每一条路径（变量间关系）的强弱。在结构方程分析中，除了上述参数的估计外，我们还可以计算不同模型对同一个样本数据的整体拟合程度，从而判断哪一个模型更接近数据所呈现的关系，选择合适的模型。

第二节　地方政府社会建设绩效满意度评估的结构方程模型构建

一　计算指标之间的相关矩阵

根据第三章构建的地方政府社会建设绩效满意度评价指标体系，结合问卷调查数据，利用 SPSS19.0 计算出绩效满意度评价指标之间的相关矩阵（见表 4-1）。

表 4-1　地方政府社会建设绩效满意度评价指标相关矩阵

	义务教育	医疗卫生服务	社会保障	社会救助	劳动就业	社会秩序	保护环境	交通状况	惩治腐败	司法公正	干部作风	社会诚信
义务教育	1											
医疗卫生服务	0.498	1										
社会保障	0.512	0.615	1									
社会救助	0.465	0.431	0.526	1								

续表

	义务教育	医疗卫生服务	社会保障	社会救助	劳动就业	社会秩序	保护环境	交通状况	惩治腐败	司法公正	干部作风	社会诚信
劳动就业	0.477	0.440	0.547	0.464	1							
社会秩序	0.462	0.485	0.502	0.484	0.479	1						
保护环境	0.440	0.466	0.479	0.443	0.477	0.606	1					
交通状况	0.390	0.408	0.411	0.419	0.410	0.478	0.483	1				
惩治腐败	0.413	0.462	0.468	0.492	0.457	0.544	0.511	0.432	1			
司法公正	0.469	0.494	0.509	0.537	0.484	0.557	0.534	0.462	0.712	1		
干部作风	0.462	0.502	0.534	0.562	0.477	0.572	0.550	0.506	0.677	0.663	1	
社会诚信	0.418	0.411	0.463	0.550	0.435	0.466	0.456	0.381	0.422	0.507	0.470	1

二 建立结构方程模型

考虑地方政府社会建设绩效评估指标体系的特点，构建结构方程的二阶因子分析模型。将满意度指标作为结构方程的外生观测变量，将民生社会事业绩效满意度、社会管理绩效满意度和社会规范绩效满意度作为主观满意度的一阶因子中的外生潜变量，满意度即为结构方程模型中二阶内生潜变量，本研究构建了满意度评价模型，如图 4 - 1 所示。

将表 4 - 1 相关矩阵输入 lisrel 8.8 软件，构建结构方程模型，程序代码见附录 E。

得到运算结果，如图 4 - 2、图 4 - 3 所示。

三 模型的再检验

要检验模型是否与数据拟合，即是不是个好模型，需要比较再生协方差矩阵和样本协方差矩阵的差异。这两个矩阵的整体差异，可以用一个综合指数（即拟合指数）表示。在众多拟合指数中，按功能划分包括三类。

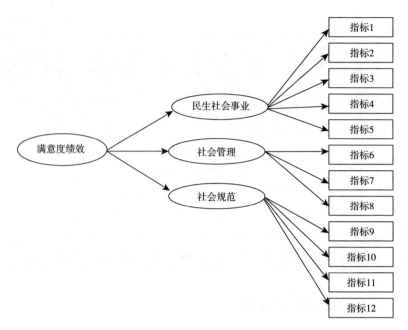

图 4-1　地方政府社会建设绩效满意度的结构方程模型

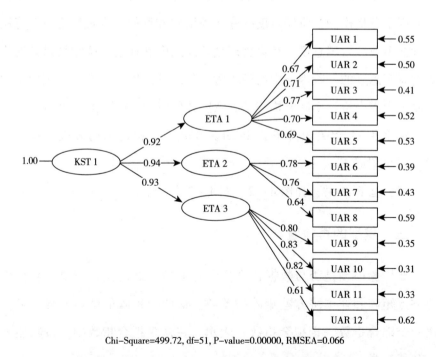

Chi-Square=499.72, df=51, P-value=0.00000, RMSEA=0.066

图 4-2　民生社会事业、社会管理、社会规范绩效满意度权重影响结构方程模型

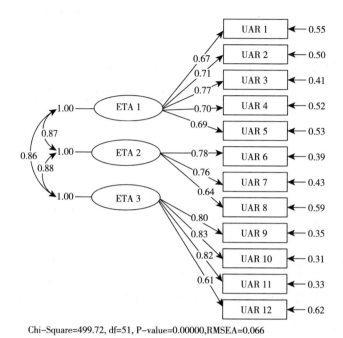

Chi-Square=499.72, df=51, P-value=0.00000, RMSEA=0.066

**图4-3 民生社会事业、社会管理、社会规范绩效满意度相互
关系权重系数结构方程模型**

1. 绝对拟合指数 (Absolute fit measures)

绝对拟合指数是将理论模型和饱和模型比较得到的一个统计量。饱和模型是指各显变量之间均容许相关，是最复杂的模型，其自由度为0，能100%地反映数据的原有关系。也就是说，绝对拟合指数衡量了所考虑的理论模型与样本数据的拟合程度。

2. 增值拟合指数 (Incremental fit measures)

增值拟合指数是将理论模型与虚拟模型比较，看看拟合程度改进了多少。数值超过0.9认为模型可以接受。常用的有理论模型和基准模型的卡方统计量，即相对于基准模型的卡方，理论模型的卡方减少的比例，常用的是NFI (Normed fit index)，取值范围为0~1，取1为最好，0为最差。还有理论模型的卡方在中心卡方分布下的期望值进行调整，如NNFI (Non-normed fit index) 是非中心卡方分布下的期望值进行调整，如 CFI（Comparative fit index），取值范围为 0 ~ 1，取值为 1 是真模型。

3. 简约拟合指数（Parsimonious fit measures）

简约拟合指数是前两类派生出来的一类指数，具有惩罚参数多的模型功能。通常值越大越好。

有关模型的主要拟合指数如表 4 – 2 所示。

表 4 – 2 模型的主要拟合指数计算结果

指数	RMSE	PNFI	PGFI	GFI	AGFI	CFI	NFI	IFI	NNFI
指标值	0.066	0.76	0.63	0.96	0.94	0.99	0.98	0.99	0.98
可以接受值	<0.08	>0.5	>0.05	>0.9	>0.9	>0.9	>0.9	>0.9	>0.9

在本结构模型中卡方 = 527.09，df = 51，RMSE = 0.066，NNFI = 0.98，CFI = 0.99，而一般来说，如果 RMSE 在 0.08 以下，NNFI 和 CFI 在 0.9 以上，所拟合的就是一个"好"模型，而本模型正符合了以上要求。

四 权重系数的计算

（一）权重系数的归一化方法

在结构方程计算的过程中，我们不仅得到了各个显变量对潜变量的影响路径的系数，而且还得到了各个潜变量之间的路径影响因素，将这两种系数结合在一起，就能够得到相关变量归一化的权重系数。归一化的具体操作步骤为：将每一个分类指标的路径系数相加，每个分类指标除以该路径系数总和得到该分类指标的权重。比如：ETA 1（民生社会事业）、ETA 2（社会管理）、ETA 3（社会规范）的权重分别为 0.92、0.94、0.93，则 ETA 1（民生社会事业）、ETA 2（社会管理）、ETA 3（社会规范）的权重近似为 0.33。以此类推，可以计算出各个指标的相对权重。

（二）具体指标权重系数的计算方法

第一层归一化后指标的权重与第二层每个观测变量归一化后的指标权重相乘得到每个具体指标的最终权重。

（三）权重系数计算结果

地方政府社会建设绩效满意度指标权重计算结果如表4－3所示。

表4－3　地方政府社会建设绩效满意度指标权重计算结果

综合评价指标	分类评价指标	单项指标	权重
绩效满意度评价指标体系	民生社会事业绩效满意度 （0.33）	居民对义务教育满意度	0.0630
		居民对医疗卫生服务满意度	0.0670
		居民对社会保障满意度	0.0727
		居民对社会救助满意度	0.0660
	社会管理绩效满意度 （0.33）	居民对劳动就业满意度	0.0650
		居民对社会秩序满意度	0.1193
		居民对保护环境满意度	0.1163
		居民对交通出行状况满意度	0.0980
	社会规范绩效满意度 （0.33）	居民对惩治腐败满意度	0.0870
		居民对司法公正满意度	0.0903
		居民对干部作风满意度	0.0893
		居民对社会诚信满意度	0.0663

第三节　地方政府社会建设绩效满意度评估的实证研究

一　满意度指标得分计算方法

根据"成都市社会建设状况调查问卷"，在满意度调查问卷部分，将每题选择很不满意选项的问卷数量占该区总问卷数量的百分比，再乘以 1，得到该题很不满意选项的得分，因此，选择不大满意记 2 分，选择一般记 3 分，选择比较满意记 4 分，选择很满意记 5 分。该题各选项得分累加除以 5 即可得到该区该题的最终得分。公式如下。

$$Score = （很不满意 \times 1 + 不大满意 \times 2 + 一般 \times 3 + 比较满意 \times 4 + 很满意 \times 5）/5$$

其中，$Score$ 为满意度指标得分。

由上述公式计算得出成都市 10 个区市（县级市）县满意度得分（见表 4－4）。

表 4－4　2010 年成都市 10 个区市（县级市）县社会建设满意度指标得分

单位：分

具体指标	锦江区	武侯区	青羊区	金牛区	成华区	高新区	双流县	龙泉驿区	都江堰市	新津县
居民对义务教育满意度	83.8	81.5	73.3	81.9	79.0	81.2	63.44	65.5	74.2	61.2
居民对医疗卫生服务满意度	81.6	82.2	74.5	79.5	78.1	81	69.78	74.5	73.76	65.3
居民对社会保障满意度	81.8	82.8	75.0	79.3	81.0	81.6	68.76	69.8	74	64.4
居民对社会救助满意度	80.2	81.2	74.9	77.2	80.2	79.4	63.3	73.5	70.6	70.4
居民对劳动就业满意度	65.4	77.0	75.1	78.4	77.8	80.4	72.44	77.0	75.28	70.4
居民对社会秩序满意度	82.2	82.4	76.8	83.2	78.4	83.8	65.1	74.4	72.32	68.7
居民对保护环境满意度	80.4	78.7	73.3	78.5	78.8	79.6	67.46	72.1	73.72	64.7
居民对交通出行状况满意度	68.6	77.1	72.3	75.8	77.3	78.0	67.44	72.5	71.62	66.4
居民对惩治腐败满意度	72.4	75.7	69.8	76.1	71.5	73.6	65.34	73.3	72.1	71.7

续表

具体指标	锦江区	武侯区	青羊区	金牛区	成华区	高新区	双流县	龙泉驿区	都江堰市	新津县
居民对司法公正满意度	75.8	80.1	73	79	75.4	78.2	67.28	75.5	73.14	70.8
居民对干部作风满意度	75.8	79.7	73.4	77.5	74.4	78.4	62.8	73.6	68.74	68.2
居民对社会诚信满意度	83.8	82.7	75.3	80.9	68.5	83.8	64.4	72.5	74.18	70.8

二 加权平均绩效满意度得分计算方法

将上述满意度指标得分乘以上一小结中表 4 - 3 权重求和得到加权平均的社会建设绩效满意度得分，公式如下。

$$Satisf = \sum_i \omega_i \times Score_i$$

其中，ω_i 为满意度指标权重，$Score_i$ 为满意度指标得分值，$i = 1$，2，$\cdots$，12。

三 加权平均绩效满意度得分计算结果

本研究得到成都市 10 个区市（县级市）县社会建设绩效满意度从高到低的排序，以及社会建设加权平均绩效满意度排序得分结果（见表 4 - 5）。

表 4 - 5 2010 年成都市 10 个区市（县级市）县社会建设加权平均绩效满意度排序

单位：分

区市（县级市）县	得 分
武侯区	79.98
高新区	79.86
金牛区	78.97
锦江区	77.59
成华区	76.77

区市（县级市）县	得分
青羊区	73.89
龙泉驿区	72.99
都江堰市	68.70
新津县	67.78
双流县	66.42

第四节　实证分析

根据上述研究基础，本研究得出 2011 年成都市 10 个区市（县级市）县社会建设加权平均绩效满意度得分和排名，以下对这 10 个区市（县级市）县社会建设绩效满意度状况进行实证分析。

一　经济建设与社会建设绩效满意度比较分析

首先对各区市（县级市）县经济建设与社会建设进行比较分析。通过表 4 - 6 和图 4 - 4 可以看出，经济建设排在第一集团的锦江区、青羊区，其社会建设绩效满意度排到第二集团。而经济建设排在第二集团的武侯区和金牛区，其社会建设绩效满意度排到第一集团。而都江堰市、新津县、双流县的经济建设和社会建设绩效满意度评价均排在末位。这表明，经济建设发展好的地区社会建设满意度未必好，经济建设稍微滞后的地区社会建设满意度未必不好，但是，经济过于落后地区的社会建设也比较落后。因此，可以说，发展社会建设还是需要以经济建设为基础的，经济发展为社会建设提供基础物质保障。

二　区市（县级市）县之间的比较分析

通过表 4 - 4 可以看出，经济较发达的第一、第二集团其居民所关注的领域主要集中在惩治腐败、交通出行状况、劳动就业方面。而经济过于落后的第三集团则主要关注义务教育、社会保障、社会救助等方面。这表明，经济较发达地区与经济落后地区在社会建设方面的关注点有所不同，经济较发达地区更关注社会管理和社会规范领域的社会建设，而经济落后地区更关注民生社会事业领域的社会建设。因此，针对不同区市县的不同状况，应该采取不同的策略来提高社会建设满意度。对处于第三集团的都江堰市、新津县、双流县，其首要任务是发展经济，加大保障和改善民生力度，为社会建设提供基础物质保障；而对于经济建设比较好的地区，其应着力改善居民生活环境和质量以及促进社会公平等方面。

表 4-6 2010 年成都市 10 个区市（县级市）县人均 GDP 与社会建设绩效满意度排序

区市（县级市）县	2010 年人均 GDP（元）	经济建设排序	社会建设绩效满意度排序
锦江区	10189.21	1	4
高新区	9737.98	2	2
青羊区	5798.82	3	6
龙泉驿区	4817.99	4	7
武侯区	4284.53	5	1
金牛区	4187.50	6	3
成华区	4154.41	7	5
双流县	4066.58	8	10
新津县	3920.07	9	9
都江堰市	2354.46	10	8

三 三个领域绩效满意度的分析

从表 4-7、图 4-5 中可以看出，尽管三个领域绩效得分差距不大，但基本上民生社会事业绩效满意度得分高于社会管理绩效满意度得分，高于社会规范绩效满意度得分，这说明当前的民生社会事业确实发展得比以前好，得到了老百姓的认同。同时，这也充分体现了党

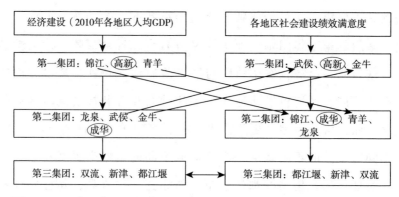

图 4-4　10个区市（县级市）县经济建设与社会建设绩效满意度排序位移

的十七大提出的"加快推进以改善民生为重点的社会建设"是当前各级地方政府社会建设的主要工作任务。社会规范绩效满意度得分在三个领域中得分比较低，这说明，由于政府缺乏公信力、企业缺乏社会责任、社会缺乏诚信，社会规范成为当前比较突出的社会问题，需要各级地方政府着力加以解决，否则会影响社会建设整体绩效水平。

表 4-7　成都市10个区市（县级市）县三个领域绩效满意度得分

单位：分

区市（县级市）县	民生社会事业绩效满意度	社会管理绩效满意度	社会规范绩效满意度
武侯区	81.08	79.62	79.26
高新区	80.82	80.70	78.07
金牛区	79.33	79.45	78.12
锦江区	78.71	77.64	76.41
成华区	79.35	78.28	72.64
青羊区	74.62	74.61	72.64
龙泉驿区	73.15	73.10	73.72
都江堰市	73.65	72.66	71.80
新津县	66.61	66.48	66.25
双流县	67.67	66.66	64.91

四　总体分析

通过对2011年成都市10个区市（县级市）县社会建设绩效满意

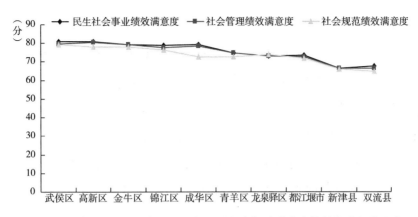

图 4 - 5 成都市 10 个区市（县级市）县三个领域满意度绩效拟合程度示意

度总体状况分析，从表 4 - 5 中可以看出，排名最低的双流县社会建设绩效满意度达到 66.42 分的及格以上分数，排名最高的武侯区社会建设绩效满意度达到 79.98 分。成都市社会建设绩效满意度指数得分是 70.49 分[①]，达到良好成绩。这说明，成都市居民对当前政府加强和推进社会建设这项工作总体评价较高。结合实际调查了解到，从 2003 年 10 月，成都市开始推进城乡一体化，逐步破解城乡一体化的制度障碍，先后实现了城乡统一户籍（居民户口）城乡规划一体化、城乡管理体制一体化、城乡公共服务一体化等，城乡一体的就业、居住、社保、教育、卫生、文化等公共服务，以及城乡居民在户籍所在地享有平等的政治权利和民主管理权利，等等[②]。成都市呈现"农业好了，工业更好""农村好了，城市更好""社会好了，经济更好"的大好局面。自成都市统筹城乡发展以来，老百姓觉得日子一天比一天好，成都市形成了累存效应，换言之，老百姓今天的满意是相对于过去而言的。成都市城乡社会建设取得的成就如下。

---

① 由于抽样的科学性，区市（县级市）县样本总和体现成都市总体特征。因此，通过计算得到成都市社会建设绩效满意度综合指数。

② 中共成都市委、成都市人民政府：《关于全域成都城乡统一户籍实现居民自由迁徙的意见》（成委发〔2010〕23 号），2010。

民生社会事业领域：在教育方面，实施了教育均衡化发展，教师资源"区管校用"；在医疗卫生方面，医疗卫生资源关口前移，建立了以健康体检等疾病预防为导向的医疗卫生机制；在就业方面，不断提高就业的规模、稳定性和质量；在社会保障方面，实现了城乡医疗保险全覆盖，城乡养老保险参保人数比例逐年大幅提升；等等。

社会管理领域：通过城乡社区公共服务和社会管理专项资金的补贴，完成了城乡社区服务站等基础设施建设；通过村（居）民社区议事会参与社区决策，促进了城乡社区自治，形成了"民生促民主、民主保民生"的治理格局；社会治安和刑事案件发案率有所下降；等等。

社会结构领域：2010 年颁布了城乡户籍统一政策，人口自由迁移，极大地促进了城镇化进程；通过"耕保金"（成都独有的耕地保护金）等惠及"三农"的好政策，城乡差距逐年缩小，2010 年城乡收入比为 2.54∶1（全国 2010 年城乡收入比 3.23∶1）；等等。

社会规范领域：剥离乡镇、街道经济职能，进一步规范乡镇、街道的社会服务职能；采取政府信息公开等措施，提升政府公信力；建立金融等领域信用体系，开展公民社会诚信体系建设；等等。

本章采用公民满意度的主观测量方式，通过结构方程模型方法构建实证所需模型，以成都市为例进行实证研究，得出几个结论。第一，加强和推进社会建设必须以经济建设为中心，经济建设为社会建设提供物质基础保障。第二，以保障和改善民生为重点的社会建设是当前推进社会建设事业的重点工作和基础抓手。第三，因为各区市（县级市）县经济建设与社会建设满意度评价存在差异，所以，经济社会发展的着力点也不尽相同。第四，通过对成都市社会建设绩效满意度的评价得出综合指数为 70.49 分的良好成绩，结合实际调查研究，认为成都市社会建设绩效满意度的高水平与其 8 年持续不断地统筹城乡协调发展、勇于实践、创新社会体制等措施是密不可分的。

第五章 地方政府社会建设客观绩效评估的 AHP 模型与实证研究

本章采用客观绩效测量方式，利用层次分析法构建地方政府社会建设客观绩效评估模型，结合成都市 10 个区市（县级市）县 2001～2010 年的数据①，通过比较分析、领域分析、总体分析等三个方面对成都市 10 个区市（县级市）县社会建设客观绩效状况进行实证研究。

第一节 层次分析法简介

在地方政府社会建设绩效评估研究中存在主观和客观两种不同的指标类型。不同性质的指标，其评价标准、指标处理方式、评价方法也不相同。因此，受到样本数量、指标类型、数据来源的限制，本章采用层次分析法对地方政府社会建设客观绩效指标进行测量。

层次分析法（Analytic Hierarchy Process，AHP）是由美国匹兹堡大学教授 T. L. Saaty 于 20 世纪 70 年代提出的一种在处理复杂评价（决策）问题中，进行方案比较排序的方法，是系统工程中对非定量事件做定量分析的一种简便方法，也是一种对人们主观判断做出客观

---

① 所有基础数据，均以常住人口为基数进行计算。

描述的简便方法①，层次分析法流程，如图 5 - 1 所示。

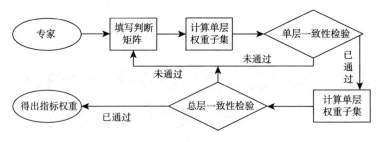

图 5 - 1　层次分析法

一　层次分析法原理

层次分析法首先是把研究问题层次化，根据研究问题的性质和要达到的总目标，将研究问题分解为不同的组成因素，并按照因素间的相互关联影响以及隶属关系将因素按不同层次聚集组合，形成一个多层次的分析结构模型②。其实就是将组成复杂问题的多个元素权重的整体判断转变为对这些元素进行"两两比较"，然后再转为对这些元素的整体权重进行排序判断，最后确立各元素的权重③。

二　层次分析法的应用步骤

（一）建立层次结构模型

将地方政府社会建设客观绩效评估指标体系所包含的因素划分为不同层次，其中地方政府社会建设客观绩效评估为目标层，民生社会

---

① 张秋来：《基于 AHP 的利益相关者分类体系的构建》，《中南民族大学学报（自然科学版）》2006 年第 2 期。

② 赵焕臣等：《层次分析法—— 一种简易的新决策方法》，科学出版社，1986。

③ 彭国甫、李树丞、盛明科：《应用层次分析法确定政府绩效评估指标权重研究》，《中国软科学》2004 年第 6 期。

事业客观绩效、社会管理客观绩效、社会结构客观绩效为准则层，单项客观评价指标为指标层。地方政府社会建设客观绩效评估的层次结构模型如图 5 - 2 所示。

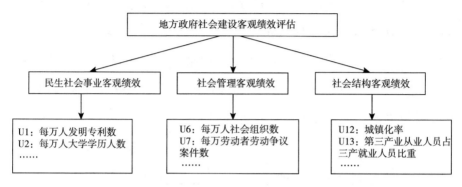

图 5 - 2　地方政府社会建设客观绩效评估的层次结构模型

（二）构造判断矩阵

判断矩阵元素的值反映人们对各因素相对重要性（或优劣、偏好、强度等）的认识，一般采用 1~9 及其倒数的标度方法。当相互比较因素的重要性能够用具体实际意义的比值说明时，判断矩阵相应元素的值则可以取这个比值。

（三）层次单排序及其一致性检验

判断矩阵 A 的特征根问题 $AW = \lambda_{\max}W$ 的解 W，经归一化后即为同一层次相应因素对于上一层次某因素相对重要性的排序权值，这一过程称为层次单排序。为进行层次单排序（或判断矩阵）的一致性检验，需要计算一致性指标 CI 和随机一致性比率，当 $CR < 0.10$ 时，认为层次单排序的结果有满意的一致性，否则需要调整判断矩阵的元素取值。

（四）层次总排序

计算同一层次所有因素对于最高层（总目标）相对重要性的排序权值，称为层次总排序。这一过程是最高层次到最低层次逐层进行的。若上一层次 A 包含 m 个因素 A_1，A_2，$\cdots$，A_m，其层次总排序权值分别为 a_1，a_2，$\cdots$，a_m，下一层次 B 包含 n 个因素 B_1，B_2，$\cdots$，B_n，它们对于因素 A_j 的层次单排序权重分别为 b_{1j}，b_{2j}，$\cdots$，b_{nj}（当 B_k 与 A_j 无联系时，$b_{kj}=0$），此时 B 层次总排序权值计算过程如下。

层次A / 层次B	A_1, A_2, $\cdots$, A_m a_1, a_2, $\cdots$, a_m	B层次总排序权值
B_1	b_{11} b_{12} $\cdots$ b_{1m}	$\sum_{j=1}^{m} a_j b_{1j}$
B_2	b_{21} b_{22} $\cdots$ b_{2m}	$\sum_{j=1}^{m} a_j b_{2j}$
$\vdots$	$\vdots$	$\vdots$
B_n	b_{x1} b_{x2} $\cdots$ b_{nm}	$\sum_{j=1}^{m} a_j b_{nj}$

（五）层次总排序的一致性检验

层次总排序的一致性检验这一步骤也是从高到低逐层进行的。如果 B 层次某些因素对于 A_j 单排序的一致性指标为 CI_j，相应的平均随机一致性指标为 CR_j，则 B 层次总排序随机一致性比率为：

$$CR = \frac{\sum_{j=1}^{m} a_j CI_j}{\sum_{j=1}^{m} a_j RI_j}$$

类似地，当 $CR<0.10$ 时，认为层次总排序结果具有满意的一致性，否则需要重新调整判断矩阵的元素取值。

第二节 数据来源与标准化处理

一 数据来源

本章中客观数据的收集范围与上一章问卷调查区域一一对应，即成都市 10 个区市（县级市）县 2001~2010 年 10 年客观指标数据，数据收集方式前文已述。

二 标准化处理

标准化处理就是将绩效评价指标数值进行无量纲化处理的过程。简而言之，就是将具有计量单位的带量纲的指标数值转化为没有单位的分值，去除原有变量量纲的影响，给出每个指标分值。数据标准化处理和计分过程是最终得出绩效评估结论的一个必不可少的过程，否则就无法对各不同指标所反映出来的情况进行评价，更得不出综合绩效。本节采用 Matlab 软件进行数据的标准化处理。

地方政府社会建设客观绩效评价指标可以分为正向型指标、负向型指标、中性型指标。本节根据评价指标的不同类型，给出三种无量纲化标准函数，如下。

正向型指标无量纲化的标准函数（$u_i \in U_1$）如下。

$$r_i = ud_i(x_i) = \begin{cases} 1 & x_i \leq M_{max} \\ (x_i - M_{min})/(M_{max} - M_{min}) & x_i \in d_i \\ 0 & x_i \geq M_{min} \end{cases}$$

负向型指标无量纲化的标准函数（$u_i \in U_2$）如下。

$$r_i = ud_i(x_i) = \begin{cases} 1 & x_i \geq M_{min} \\ (M_{max} - x_i)/(M_{max} - M_{min}) & x_i \in d_i \\ 0 & x_i \leq M_{min} \end{cases}$$

113

中性型指标无量纲化的标准函数 ($u_i \in U_3$) 如下。

$$r_i = ud_i(x_i) = \begin{cases} 2(x_i - M_{min})/(M_{max} - M_{min}) & x_i \in [M_{min}, M(d_i)] \\ 2(M_{max} - x_i)/(M_{max} - M_{min}) & x_i \in [M(d_i), M_{max}] \\ 0 & x_i \leq M_{max} \end{cases}$$

其中,$M(d_i) = (M_{max} + M_{min})/2$。

第三节 地方政府社会建设客观绩效评估的层次分析法模型构建

一 数据可行性检验

为获得指标权重,构建模型,我们事先制定"地方政府社会建设客观绩效测量指标权重确定专家调查问卷",共发放 37 份调查问卷,回收 37 份调查问卷,问卷见附录 F。

在层次分析法中,利用 1 ~ 9 比率标度方法,构造判断矩阵,是帮助决策者将判断思维数学化、系统化的关键(见表 5 - 1)。而保证判断思维的一致性是非常重要的。所谓的判断一致性,即要求判断矩阵 A 的元素满足以下关系。

表 5 - 1 要素测度中的标度方法

重要度	同重要	稍重要	重要	很重要	极重要
标度值	1	3	5	7	9

注:重要性介于两者之间采用 2、4、6、8 标度,倒数表示后者比前者重要。

$$a_{ij} = a_{ik}/a_{jk}; i,j,k = 1,2,\cdots,n$$

即满足逻辑的传递性,如果被调查者认为 1 要比 2 重要,且 2 要比 3 重要,那么他必然会认为 1 要比 3 重要。

依据矩阵理论，如果矩阵满足上述完全一致性，那么该矩阵只有唯一非零的特征根，也是最大特征根 $\lambda_{max} = n$ ，且除 λ_{max} 外，其余特征根均为零。那么层次分析法对一致性的检验，转化为检验 A 的最大特征根和特征向量的问题。然而，由于实际给出的 a_{ij} 与 W_i/W_j 之间存在一定偏差，不能保证矩阵具有完全的一致性，那么特征根的检验问题就转化为：$A'W' = \lambda_{max}W'$ ；式中 λ_{max} 为判断矩阵 A 的最大特征根，相应的 W' 就是对应于 λ_{max} 的特征向量。

层次单排序一致性的检验指标主要由一致性指标 CI 、平均随机一致性指标 RI 以及随机一致性比率 CR 来刻画。指标的计算公式如下。

一致性指标 $CI = \dfrac{\lambda_{max} - n}{n - 1}$

式中，λ_{max} 为判断矩阵 A 的最大特征根，n 为矩阵的阶数，平均随机一致性指标 RI 的值与判断矩阵的维数有以下对应关系（见表 5 – 2）。

表 5 – 2 RI 值与判断矩阵的维数对应关系

阶数 n	1	2	3	4	5	6	7	8	9
RI	0	0	0.58	0.9	1.12	1.24	1.32	1.41	1.45

在这里，由于 1，2 阶判断矩阵总是具有完全一致性，所以 RI 仅是形式上的。对于 3 阶以上的判断矩阵，RI 才是一个有效的数值。

随机一致性比率 $CR = \dfrac{CI}{RI}$

当 $CR < 0.10$ 时，才认为判断矩阵具有满意的一致性。

在现实操作中，我们可以很方便地利用 Matlab 来做一致性检验。Matlab 自带的 eig（）函数自动能够将矩阵的特征值从大到小排列，并输出各个特征值所对应的特征向量。利用 Matlab7.0 编写层次分析法函数的 M 文件如下。

function ［v，lamd，*CI*，ri，*CR*］ = AHP（X）

％函数 AHP 是检验矩阵 *X* 是否满足层次单排序一致性的函数，其中，输入为矩阵 *X*，即为所要检验的判别矩阵，输出 lamd：矩阵 *X* 的最大特征值；*v*：最大特征值所对应的特征向量；*CI*：一致性指标；*RI*：平均随机一致性指标；*CR*：随机一致性比率。

n = length（*X*）;％计算矩阵 *X* 的阶数。

［V，D］ = eig（X）;％计算矩阵 X 的特征向量和所对应的特征值。

v = V（:，1）; lamd = D（1，1）;％获得最大特征值与所对应的特征向量。

CI =（lamd – n）／（n – 1）;％计算 *CI*。

RI =［0.00 0.00 0.58 0.9 1.12 1.24 1.32 1.41 1.45］; ％1 – 9 阶矩阵所对应的 *RI*。

ri = *RI*（*n*）;％计算矩阵 *X* 所对应的 *RI*。

CR = *CI*/ri;％计算矩阵 *X* 所对应的 *CR*。

使用上述函数，我们对获得的调查问卷做了层次单排序的一致性检验，发现其中编号为 11、14、34、35、37 共 5 份问卷不能通过一致性检验的要求，因此予以剔除，最后一共处理的问卷数量为 32 份。

二　层次单排序与一致性检验

根据数据可行性检验的结论，对保留的 32 份调查问卷做几何平均，来获得层次单排序判断矩阵。在这里采用几何平均而非算术平均的主要理由是保持层次单排序的一致性。各个平均判断矩阵与一致性检验结果如下（见表 5 – 3、表 5 – 4、表 5 – 5、表 5 – 6）。

（一）判断矩阵准则层

表5-3　相对总目标而言，各准则层之间相对重要一致性的比较

	民生社会事业 客观绩效	社会管理 客观绩效	社会结构 客观绩效	权重
民生社会事业客观绩效	1.0000	1.7844	0.7360	0.35
社会管理客观绩效	0.5604	1.0000	0.5151	0.21
社会结构客观绩效	1.3588	1.9412	1.0000	0.44

$\lambda_{max} = 3.0055$；$CI = 0.0027$；$RI = 0.5800$；$CR = 0.0047$

（二）判断矩阵（民生社会事业）

表5-4　相对民生社会事业客观绩效而言，各指标之间的相对重要性比较

指　标	每万人发明 专利数 （件）	每万人大学 学历数 （人）	每万人执业 （助理）医师数 （人）	城乡居民养老 保险覆盖率 （%）	每千名老年人 社会养老机构 床位数（张）	权重
每万人发明专利数（件）	1.0000	0.6514	0.4312	0.2659	0.4549	0.093
每万人大学学历数（人）	1.5351	1.0000	1.0130	0.5231	0.8807	0.171
每万人执业（助理）医师数（人）	2.3189	0.9538	1.0000	0.5257	0.9815	0.188
城乡居民养老保险覆盖率（%）	3.7608	1.9117	1.9021	1.0000	2.0969	0.357
每千名老年人社会养老机构床位数（张）	2.1984	1.1355	1.0188	0.4769	1.0000	0.190

$\lambda_{max} = 5.0118$；$CI = 0.0030$；$RI = 1.1200$；$CR = 0.0026$

117

（三）判断矩阵（社会管理）

表 5-5　相对社会管理客观绩效而言，各指标之间的相对重要性比较

指标	每万人社会组织数（个）	每万人劳动争议案件数（件）	信访案件结案率（%）	食品、药品抽检合格率（%）	亿元 GDP 安全生产事故死亡人数（人）	每万人刑事案件立案数（件）	权重
每万人社会组织数（个）	1.0000	0.9286	0.6431	0.4214	0.5577	0.5545	0.104
每万人劳动争议案件数（件）	1.0769	1.0000	0.8667	0.4572	0.4939	0.6398	0.114
信访案件结案率（%）	1.5550	1.1538	1.0000	0.5635	0.7596	0.9092	0.149
食品、药品抽检合格率（%）	2.3729	1.9780	1.7747	1.0000	1.5144	1.6656	0.264
亿元 GDP 安全生产事故死亡人数（人）	1.7930	2.0249	1.3164	0.6603	1.0000	1.1590	0.197
每万人刑事案件立案数（件）	1.8033	1.5629	1.0998	0.6004	0.8628	1.0000	0.172

$\lambda_{max} = 6.0002$；$CI = 0$；$RI = 1.2400$；$CR = 0$

（四）判断矩阵（社会结构）

表 5-6　相对社会结构客观绩效而言，各指标之间的相对重要性比较

指标	城镇化率（%）	第三产业从业人员占三产就业人员比重（%）	城乡收入比	恩格尔系数（%）	中产阶层占就业人口比例（%）	权重
城镇化率（%）	1.0000	0.8532	0.4266	0.3900	0.3984	0.102
第三产业从业人员占三产就业人员比重（%）	1.2553	1.0000	0.4583	0.3518	0.4154	0.111
城乡收入比	2.3440	2.1820	1.0000	1.1538	1.3271	0.276

续表

指标	城镇化率 （%）	第三产业从业 人员占三产就业 人员比重（%）	城乡 收入比	恩格尔 系数（%）	中产阶层占就业 人口比例（%）	权重
恩格尔系数 （%）	2.5639	2.8424	0.8667	1.0000	1.0772	0.267
中产阶层占就业 人口比例（%）	2.5099	2.4072	0.7535	0.9283	1.0000	0.243

$$\lambda_{max} = 5.0394 ; \quad CI = 0.0098 ; \quad RI = 1.1200 ; \quad CR = 0.0088$$

三　层次总排序与一致性检验

综合层次单排序与一致性检验结果，可以得到客观指标的总排序。其中准则层的权重即为层次单排序与一致性检验中的权重，指标层的权重由各指标的权重乘以所对应的准则层的权重得到。

层次总排序的一致性检验如下：

$$CI = \sum_{i=1}^{3} C_i CI = 0.35 \times 0.03 + 0.21 \times 0 + 0.44 \times 0.098 = 0.05362$$

$$RI = \sum_{i=1}^{3} C_i RI = 0.35 \times 1.12 + 0.21 \times 1.24 + 0.44 \times 1.12 = 1.1452$$

$$CR = \frac{CI}{RI} = \frac{0.05362}{1.1452} = 0.0468 < 0.10$$

四　指标权重确定

地方政府社会建设客观绩效评估指标权重结果如表5－7所示。

表5－7　地方政府社会建设客观绩效评估指标权重结果

准则层	指标层	权重
民生社会事业客观绩效 （0.35）	每万人发明专利数	0.033
	每万人大学学历数	0.060
	每万人执业（助理）医师数	0.066
	城乡居民养老保险覆盖率	0.125
	每千名老年人享有社会养老机构床位数	0.066

续表

准则层	指标层	权重
社会管理客观绩效 (0.21)	每万人社会组织数	0.022
	每万人劳动争议案件数	0.024
	信访案件结案率	0.031
	食品、药品抽检合格率	0.056
	亿元 GDP 安全生产事故死亡人数	0.042
	每万人刑事案件立案数	0.036
社会结构客观绩效 (0.44)	城镇化率	0.045
	第三产业从业人员占三产就业人员比重	0.049
	城乡收入比	0.121
	恩格尔系数	0.118
	中产阶层占就业人口比例	0.107

第四节 地方政府社会建设客观绩效评估的实证研究

一 比较分析

(一) 经济建设与社会建设客观绩效比较分析

成都市 10 个区市（县级市）县社会建设客观绩效评价得分由高到低依次是武侯区、锦江区、青羊区、金牛区、高新区、成华区、龙泉驿区、双流县、都江堰市、新津县。

通过经济建设和社会建设客观绩效评价排序比较（见表 5 – 9），我们可以看出，锦江区、青羊区这两个区经济建设排序和社会建设客观绩效评价排序仍然排在第一集团，而高新区滑落到第二集团（高新区 1990 年才成立，医疗卫生、教育等社会建设领域基础条件相对来说还比较差）。双流县、都江堰市、新津县这三个区市（县级市）县社会建设客观绩效排序仍然排在最后三位，处于第三集团。总的来说，经济建设与社会建设客观绩效排序一致性程度比较高。同样可以看出经济建设落后地区社会建设客观绩效也落后。

（二）区市（县级市）县之间客观绩效比较分析

通过表 5 - 8 可以看出，这 10 个区市（县级市）县 10 年平均社会建设客观绩效评价得分明显存在三个档次。武侯区、锦江区、青羊区都达到了及格以上的分数，处于第一集团；双流县、都江堰市、新津县得分为 35 分左右，处于第三集团。第三集团与第一集团相比差距很大，经济方面也是如此。从图 5 - 4 可以看出，10 年间，成都市 10 个区市（县级市）县社会建设客观绩效基本上呈上升趋势，但是，武侯区的社会建设客观绩效在 10 年间一直比较平稳，且有下降趋势。这实际上给我们抛出来一个问题，社会建设有没有拐点，如果有拐点其继续提高绩效的动力源在哪里，这是我们下一步需要思考的问题。

（三）主客观绩效测量比较分析

通过表 5 - 9 可以看出，第一，结合上一章节我们得到经济建设处于第三集团的三个区市（县级市）县（都江堰市、新津县、双流县），其社会建设的绩效满意度与客观绩效也处在第三集团。在这一层面，主客观绩效存在一定相关性。第二，通过主客观绩效测量比较，我们发现，满意度绩效排在第一集团的高新区和金牛区，其客观绩效排序滑落到第二集团。主客观绩效测量的差异性说明，在绩效评估中引入主观绩效测量的必要性，从而促使主客观绩效测量之间形成互补，使绩效测量结果更加全面。

表 5 - 8　成都市 10 个区市（县级市）县 10 年平均社会建设客观绩效得分①

单位：分

成都市 10 个区市（县级市）县	得分
武侯区	69.70
锦江区	64.71
青羊区	62.62
金牛区	58.85
高新区	57.04
成华区	53.26
龙泉驿区	48.56
双流县	35.75
都江堰市	35.54
新津县	34.57

表 5 - 9　成都市 10 个区市（县级市）县经济建设与社会建设客观绩效评价结果

地区	2010 年人均 GDP（元）	经济建设排序	社会建设客观绩效排序	社会建设绩效满意度排序
锦江区	10189.21	1	2	4
高新区	9737.983	2	5	2
青羊区	5798.817	3	3	6
龙泉驿区	4817.989	4	7	7
武侯区	4284.531	5	1	1
金牛区	4187.5	6	4	3
成华区	4154.412	7	6	5
双流县	4066.582	8	8	10
新津县	3920.066	9	10	9
都江堰市	2354.462	10	9	8

① 社会建设客观绩效得分是以 10 年平均值作为考量标准，这样做是因为社会建设客观绩效主要是测量 2001～2010 年 10 年间政府每年投入社会建设领域的增量，以 10 年平均更能反映出平均增量的变化，也就是 10 年间存量的平均增加额。

二　领域分析

社会建设客观绩效评价由民生社会事业客观绩效评价、社会管理客观绩效评价、社会结构客观绩效评价三个领域组成。以下，我们从这三个领域进行分析。

仅就2010年成都市10个区市（县级市）县三个领域客观绩效评价排序。

民生社会事业客观绩效评价排序从高到低依次为：青羊区、锦江区、高新区、金牛区、武侯区、成华区、都江堰市、新津县、双流县、龙泉驿区（见表5-10）。

社会管理客观绩效评价排序从高到低依次为：武侯区、新津县、双流县、龙泉驿区、青羊区、金牛区、成华区、都江堰市、锦江区、高新区（见表5-11）。

社会结构客观绩效评价排序从高到低依次为：高新区、武侯区、锦江区、金牛区、青羊区、成华区、龙泉驿区、双流县、都江堰市、新津县（见表5-12）。

表5-10　2001~2010年成都市10个区市（县级市）县民生社会事业客观绩效评价结果

单位：分

	2010年	2009年	2008年	2007年	2006年	2005年	2004年	2003年	2002年	2001年
锦江区	72.65	69.92	68.95	63.65	62.17	59.69	59.02	54.96	49.23	43.55
武侯区	58.45	67.65	62.32	64.39	61.74	63.48	64.52	62.58	61.38	55.83
青羊区	76.21	72.57	70.22	67.48	57.31	54.27	52.99	50.44	47.29	45.07
金牛区	59.40	55.72	53.07	51.08	37.43	34.08	32.88	31.63	29.73	27.93
成华区	46.01	45.02	42.63	38.01	34.09	33.67	27.94	27.58	26.60	25.89
高新区	62.81	59.28	46.56	37.83	31.53	26.73	24.73	20.42	18.84	18.14
双流县	28.69	22.49	17.82	26.63	21.78	20.38	19.70	17.76	17.64	16.73
龙泉驿区	27.73	24.17	23.53	21.45	20.19	18.17	16.76	15.03	14.55	13.61
都江堰市	37.84	34.11	30.90	28.61	25.86	22.69	21.35	20.08	17.75	16.43
新津县	31.73	29.26	27.85	26.78	24.68	21.50	20.73	19.34	16.55	15.22

表 5 - 11　2001~2010 年成都市 10 个区市（县级市）县社会管理客观绩效评价结果

单位：分

	2010 年	2009 年	2008 年	2007 年	2006 年	2005 年	2004 年	2003 年	2002 年	2001 年
锦江区	79.21	75.85	82.61	73.14	80.09	78.15	68.91	58.81	64.77	58.28
武侯区	93.07	91.18	90.80	92.00	88.00	85.92	83.88	82.80	82.90	77.54
青羊区	88.66	86.06	86.96	83.72	86.26	83.79	81.87	78.62	75.59	74.30
金牛区	84.19	84.84	82.01	83.57	80.56	78.47	72.44	70.27	71.40	70.37
成华区	83.91	84.90	85.05	84.13	83.88	81.37	78.43	76.69	79.12	80.86
高新区	77.76	75.73	76.98	75.38	75.02	69.65	70.20	70.74	69.66	71.87
双流县	89.36	86.53	81.36	77.17	78.17	82.19	65.31	65.58	66.02	70.25
龙泉驿区	88.82	88.69	86.57	87.21	82.66	83.92	70.23	53.17	68.47	71.56
都江堰市	79.64	73.48	71.67	75.21	72.01	73.37	68.12	63.69	60.69	58.47
新津县	89.85	88.17	87.56	88.97	87.13	81.42	85.16	85.51	84.19	83.71

表 5 - 12　2001~2010 年成都市 10 个区市（县级市）县社会结构客观绩效评价结果

单位：分

	2010 年	2009 年	2008 年	2007 年	2006 年	2005 年	2004 年	2003 年	2002 年	2001 年
锦江区	72.12	69.92	68.46	66.21	66.37	65.93	61.87	61.82	57.58	56.61
武侯区	72.75	72.82	71.50	69.66	68.69	67.98	67.18	65.44	63.95	62.72
青羊区	60.99	59.33	58.77	59.91	59.48	56.37	53.43	50.31	48.27	49.78
金牛区	71.64	68.30	66.20	66.07	66.38	64.03	63.79	59.98	58.70	52.57
成华区	54.63	52.79	48.63	49.08	61.26	57.26	58.05	55.61	52.88	53.24
高新区	83.07	78.09	74.16	70.35	66.28	65.66	61.90	59.01	56.13	55.87
双流县	34.73	34.51	31.23	31.35	29.97	29.18	28.36	24.64	23.11	21.80
龙泉驿区	36.56	34.19	33.97	32.25	30.38	26.62	24.02	21.37	20.47	19.63
都江堰市	30.24	31.01	33.02	28.89	29.98	26.91	21.80	19.05	18.85	20.74
新津县	22.39	20.67	20.51	20.63	19.89	18.66	17.94	16.45	15.94	15.60

从图 5 - 3 中，我们可以得出以下几个结论。

第一，民生社会事业客观绩效评价与社会结构客观绩效评价的曲线拟合程度较好，这说明，两者具有较强的相关性。

第二，社会管理客观绩效评价曲线与民生社会事业客观绩效评价

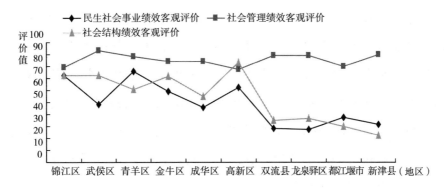

图 5 - 3　2010 年社会建设客观绩效评价领域

曲线、社会结构客观绩效评价曲线的离合程度较大。这表明，地方政府在社会建设过程中，过度重视社会管理方面的内容，这与地方政府强调加强社会管理方面的政绩考核的实际状况高度相关。与上一章比较（上一章居民对民生社会事业绩效满意度比社会管理和社会规范绩效满意度要高），这里社会管理客观绩效得分这么高，但老百姓满意度得分并不高，或者没有切身体会到。对此政府应该做出适当调整。

三　总体分析

从成都市 10 个区市（县级市）县 10 年间社会建设客观绩效评价结果表 5 - 13 和图 5 - 4 中，我们可以得出以下结论。

第一，仅就 2010 年成都市 10 个区市（县级市）县社会建设客观绩效而言，除锦江区、武侯区、金牛区、青羊区四个建区比较早、基础条件比较好的老牌区和一个新建的高新区社会建设客观绩效及格外，其他区市（县级市）县的社会建设客观绩效都没有及格。

第二，与上一章中各区市（县级市）县社会建设绩效满意度评价结果总体较高相比，本章中各区市（县级市）县社会建设客观绩效评价结果总体较低。其原因，一是笔者采用以常住人口为统计口径进行计算统计指标的数值，而不是以户籍人口为统计口径。二是公民满意度是累积、存量性质的指标，也就是说，公民感觉相对于过去而言，总是感觉今天比过去要好。此外，还有文化、人口整体素质等因素的影响。三是在以常住人口为统计口径的前提下，成都市各区市（县级市）县在民生社会事业等社会建设领域仍有很大的缺口。因此，地方政府应该根据实际情况，在加强和推进社会建设方面以常住人口为基数做好财政投入等顶层规划。成都市在提高社会建设客观硬性指标绩效方面还有很多工作要做。

第三，调整社会结构是社会建设的核心任务。通过计算得到成都市社会结构客观绩效综合指数为42.27分，而成都市10年平均社会建设客观绩效综合指数得分为41.39分，两者基本一致。从这个结果看，如果说成都市经济结构达到工业化中期水平①（50分），那么，它的社会结构仅处于工业化初期阶段，社会结构滞后于经济结构大约7~8年。《当代中国社会结构》一书中得出结论，当前社会结构滞后经济结构大约15年②。成都的情况要比全国平均水平要好，所以，成都市社会结构滞后经济结构约7~8年的结论与实际情况还是较为相符的。下一步，成都市在注重经济发展的同时，要更加注重社会建设方面投入，通过加快城镇化建设，缩小城乡收入差距，扩大中产阶层等方式调整社会结构，使之与经济结构相匹配，促进经济社会协调发展。

表5-13　2001~2010年成都市10个区市（县级市）县社会建设客观绩效评价结果

单位：分

	2010年	2009年	2008年	2007年	2006年	2005年	2004年	2003年	2002年	2001年
锦江区	73.80	71.17	71.60	66.77	67.78	66.31	62.35	58.79	56.17	52.39
武侯区	68.52	74.87	72.34	72.51	70.31	70.17	69.76	68.08	67.03	63.42

① 成都市社会科学院编《走城乡统筹 科学发展之路：成都推进城乡一体化研究文集》，四川人民出版社，2007，第2页。
② 陆学艺主编《当代中国社会结构》，社会科学文献出版社，2010，第31页。

续表

	2010 年	2009 年	2008 年	2007 年	2006 年	2005 年	2004 年	2003 年	2002 年	2001 年
青羊区	72.13	69.58	68.69	67.55	64.35	61.39	59.25	56.30	53.67	53.28
金牛区	69.99	67.37	64.92	64.50	59.23	56.58	54.78	52.22	51.23	47.68
成华区	57.76	56.81	54.18	52.57	56.50	54.07	51.79	50.23	49.19	49.47
高新区	74.86	71.01	65.09	60.02	55.95	52.87	50.63	47.97	45.92	46.03
双流县	44.09	41.23	37.06	39.32	37.23	37.23	33.09	30.83	30.20	30.20
龙泉驿区	47.44	43.08	40.21	37.86	34.29	32.90	29.08	24.43	23.83	22.37
都江堰市	43.28	41.01	40.39	38.52	37.37	35.19	31.41	28.78	27.25	27.15
新津县	39.82	35.05	34.01	33.29	30.44	27.93	26.20	25.39	23.39	24.34

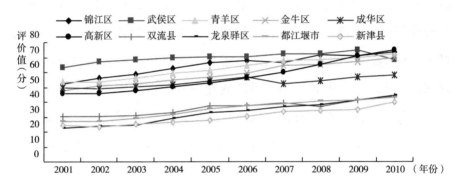

图 5 - 4　2001 ~ 2010 年成都市 10 个区市（县级市）县社会建设客观绩效评价结果

　　本章采用客观绩效测量方式，根据专家咨询问卷（德尔菲法）确定客观指标重要程度，通过层次分析法构建层次结构模型，并确定指标权重。利用成都市 10 个区市（县级市）县 2001 ~ 2010 年 10 年客观指标数据进行实证研究。得出几个结论。第一，通过客观绩效测量，经济建设排名最后的双流县、都江堰市、新津县其社会建设客观绩效仍然排名最后，再次说明，经济建设是社会建设的基础。第二，成都市的社会结构比经济结构大约滞后 7 ~ 8 年。第三，通过主客观绩效的比较分析，得出两者具有很好的互补性，这对全面反映一个地区的社会建设综合水平具有非常重要的意义。

第六章　优化地方政府社会建设绩效的机制

任何政府战略和计划的制定及绩效评估的问题都需要权力机关与行政部门的密切配合，所以，政府绩效评估不应缺少对政府权力机关与行政部门政策议题的讨论，否则将是无果而终的政府绩效评估。通过第四章、第五章的实证研究，笔者总结成都市政府社会建设的经验教训，厘清地方政府在社会建设绩效这一问题上还有哪些工作需要完善，等等。因此，本章根据评估所得结论，结合成都市社会建设经验教训，提出优化地方政府社会建设绩效的有效机制，为加强和推进地方政府社会建设提供可参考的思路。

第一节　转变政府绩效理念

好理念出好的政策，好的政策出好的政绩。绩效理念影响地方政府社会建设的绩效水平，是地方政府社会建设绩效的灵魂，也是地方政府社会建设绩效的价值导向。因此，地方政府在注重经济建设绩效的同时，也应把社会建设纳入考核，作为考核领导班子和领导干部的重要内容，树立科学的政府绩效观，统筹兼顾，促进经济社会协调发展。

一　以人为本、民众本位的理念

党的十六届三中全会提出"坚持以人为本，树立全面、协调、可持续的发展观，促进经济社会和人的全面发展"。管理的最终目的，在求人生的安宁①。绩效的实质，在求提高效果和质量，服务于人。

2010年，我国流动人口总量为2.21亿人，但没有城市户籍的农民工高达1.6亿人，在流动人口中，六成以上希望未来三年继续留在流入地，接近九成愿意融入现居住地生活，很多人都希望农转非，其中67.8%希望落户于大城市②。但是，一些地方政府出于政绩的考量，与人口相关的统计数据均以户籍人口为基数而不是按常住人口为基数进行测量。这样得出的指标数据可能会比较高，但是存在很多水分。这不仅会导致政府在提供公共产品和服务中出现严重不足情况、社会管理出现盲区，而且会增加社会风险。有时，我们"仅仅注意国家对社会的影响，社会同样影响国家"③，如"广州的增城事件"，实际上是将间接的城乡区域结构之间不公平传导为直接的不同群体之间的不公平。

社会结构的变动对国家能力的挑战是不容忽视的，在社会结构大变迁的格局下，我们不能假定国家政策的制定是对人民群众有益，更不能人为撇离部分群众的意愿，增加社会风险和可燃点，威胁和谐社会的构建。因此，要认真研究流动人口的新特点，分析当前面临的形势，做好有效应对方案，树立以人为本、民众本位的理念。首先，应将流动人口，特别是常住人口中的流动人口纳入公共产品供给范畴，为流动人口提供与户籍人口等同的公共服务与管理。其次，以需求为导向，服务为先，寓管理于服务中，撤除"管控"的做法。再次，未来一段时期，城镇化、工业化进程加快，农业户籍人口还将大规模流向城市。因此，必须消除流动人口身份特征，特别是"农民工"身

① 曾仕强：《中国管理哲学》，东大图书公司，1986。
② 田雅婷：《别忽视新生代流动人口的新需求》，《光明日报》2011年3月1日。
③ 〔美〕乔尔·S.米格代尔：《强社会与弱国家》，张长东等译，江苏人民出版社，2009，第2页。

份，使有条件的流动人口转化为市民或居民身份。最后，在财政预算等方面做好以常住人口为基数的各项规划。

二　统筹兼顾、协调发展的理念

党的十一届三中全会提出"以经济建设为中心"，党的十六届四中全会提出"社会建设"，党的十七大真正构成"四位一体"的中国特色社会主义事业发展格局。这是党在新时期，面对纷繁复杂的经济社会形势做出的新判断。改革开放以来，始终坚持以经济建设为中心，经济建设获得飞速发展，成就举世瞩目。但是，经济与社会发展不平衡、不协调，社会矛盾和问题凸显。党和国家充分认识到，在以经济建设为中心的同时，必须加强社会建设，以有效解决"经济腿长、社会腿短"的问题。

在地方政府绩效方面，也要统筹经济建设绩效与社会建设绩效协调发展。单纯追求经济建设绩效，片面追求 GDP，营造政绩工程，不仅不能解决经济与社会不平衡、不协调的问题，也解决不了发展进程中一些突出的社会矛盾和问题，反而会导致这些问题愈演愈烈。因此，必须扭转一部分地方政府不科学、不协调、不可持续的绩效观，在以经济建设为中心的同时，必须重视社会建设，特别是要补好社会建设绩效这一课，统筹兼顾，协调发展，树立全面、协调、可持续的绩效理念。

三　多方参与、共同治理的理念

政府的职能转变和地方政府的独特角色为（地方）治理提供了可能的空间①。因此，政府应该厘清职能边界，将应该归还市场的

---

① 王诗宗：《地方治理在中国的适用性及其限度——以宁波市海曙区政府购买居家养老政策为例》，《公共管理学报》2007 年第 4 期。

部分权力还给市场，应该让渡社会的给社会，实现"众神归位"，各施其责，使社会建设的三大主体更好地公平合理调配资源和机会。

当前，我国处在经济转轨、社会转型的大变革时期，经济体制深刻变革，社会结构深刻变动，社会群体多样化，利益相关者诉求多元化。计划经济时期，政府总体性权力在社会动员等领域发挥了重要作用，乃至今日举行各种大型活动等仍然沿袭这一传统优势。但是，如今诸多社会矛盾和问题的出现已经说明"总体性政府"不能适应社会发展的需要；政府在提供公共产品的时候出现了严重失灵的状况。因此，在加强和推进社会建设的过程中，应有效改变政府总揽一切的局面。首先，建立与社会主义市场经济体制相适应的政府管理体制，从政府改革和规范行政职能的角度，有序"释放"出一部分政府承担的社会公共事务，鼓励社会组织、经济组织参与其决策和运作过程，形成公共产品多元供给格局。其次，通过政府购买社会组织服务与管理的形式，鼓励社会组织参与社会建设过程，不仅可以降低政府行政成本，而且可以提高为民服务效率。最后，要使政府"为民做主"的行政理念转变为"让民做主"的理念，培育、引导公民参与社会建设的意识。社会建设是一项庞大的系统工程，需要政府自上而下地推动，更需要社会力量、公民的热情参与，形成上下贯通，政府主导、社会协同、公民参与，多元主体共建共创共享的社会建设格局。

四　制度创新、勇于实践的理念

诺思在《经济史上的结构和变革》一书中提到"制度是重要的"[①]，也就是说制度的变迁才是经济增长的根本原因。回归历史，似

---

① 道格拉斯·C.诺思：《经济史上的结构和变革》，厉以平译，商务印书馆，1992，第1页。

乎每次重大的变革，都是制度先行。中国的改革开放，同样是在制度上取得了重大突破后，进行社会主义市场经济体制改革，建立了社会主义市场经济体制，确立市场主体地位。经济制度的变革、体制的建立，释放了无穷的活力，使被压制的各种生产要素持续爆发，推动中国经济建设不断前进。社会建设的推进同样需要社会体制的改革，需要建立能够代表中国特色社会主义社会的社会体制。经济与社会的不协调，突出的表现是市场经济体制与社会体制的不协调。改革开放以来，社会主义市场经济体制取代了计划经济体制，我国确立了市场在经济建设中的主体地位。但是，我们的社会体制改革还很不完善，许多社会体制还没有改，虽然有些社会体制改了，但是还很不彻底，比如教育体制、医疗卫生体制，经过多年的改革，"上学难、看病难"等民生问题仍然没有得到根本解决；事业单位体制改革迟迟未有有效进展，等等。这些问题往往是阻碍政府社会建设的拦路石，政府必须破解这个难题，寻求破解之道，建立与社会主义市场经济体制相适应的社会体制，否则社会主义市场经济体系也难以真正形成。

邓小平同志在改革开放之初就敏锐地指出："如果不坚决改革现行制度中的弊端，过去出现过的一些严重问题今后就有可能重新出现。"① 成都的经验告诉我们，自 2003 年起成都市推进的统筹城乡综合配套改革，首先从城乡社会体制改革入手，以城乡社会体制改革为平台，推进各项社会体制的改革，经过 8 年的制度创新，勇于实践，已经走出了具有成都特色的社会建设之路。这些方面的先进做法和经验值得我们借鉴和学习。

---

① 中共中央文献研究室编《三中全会以来重要文献选编》，人民出版社，1982，第 524 页。

第二节　构建新型治理格局

现代意义上的政府绩效管理是一种政府治理过程的变革①，是在传统的政府治理机制失灵的情况下，人们欲通过这一新治理机制搭建科层责任与政治责任之间断裂的桥梁，落实公共责任②。现代政府职能转变的核心是如何处理好政府、市场、社会之间的角色定位，以及三者之间的关系，克服各自在社会建设过程的缺陷，发挥彼此难以相互替代的功能，监督政府权能，规范市场监管，培育社会的自组织性和协调能力，构建政府、市场、社会的多元互动协作的新型治理格局，从而促进地方政府社会建设绩效提升。

一　构建接受监管的好市场

市场监管也是政府的一项基本职能，监管的重要作用之一是为市场机制充分发挥作用创造条件③。社会主义市场经济体制的确立，助推经济持续快速发展，市场在资源配置中显示出独特的优势。但是，在经济体制、社会体制双重转轨，社会转型的背景下，一个完善的市场经济体制尚未形成，突出体现在市场存在非法性竞争、大量投机性行为等。因此，必须加强市场监管（我们所说的市场监管并不是规制的强加，而是对市场越轨行为的有效监管），规范市场行为，重建市场秩序。

---

① 陈天祥：《基于治理过程变革的政府绩效管理框架——以福建省永定县为例》，《中国人民大学学报》2009 年第 5 期。
② 陈天祥：《政府绩效管理研究：回归政治与技术双重理性本义》，《浙江大学学报（人文社会科学版）》2011 年第 4 期。
③ 吴敬琏主编《比较》，中信出版社，2005，第 7 页。

市场存在非法性竞争。在市场经济环境下，各种经济体参与市场竞争，形成私人物品的多元供给。但是，近年发生的产品生产、供给过程中非法性竞争在某种程度上扰乱了市场正常竞争秩序，"三聚氰胺事件""地沟油事件"等食品安全事件惹人忧，"达芬奇家具"等产品欺诈行为令人恨，等等。从政府管理层面看，这是食品等产品的监管机制不完善所致，那么从企业的社会责任层面看却是一种伦理精神的缺失①。此外，随着国家劳动法、最低工资标准等法律法规、政策的出台，私营部门变相压低劳动力成本逐利。例如，规定最低工资起步线为每月 1100 元，原本工人劳动收入在 1500元，因规定最低工资标准，私营部门给工人执行的工资标准就是1100 元，使劳动力收入减少 400 元。追求利润的最大化是私营部门的专利，但并不是私营部门的全部。由于市场的非法性竞争，在过去的 10 多年中，世界各国纷纷放松价格监管却在强化质量监管。

市场存在投机性行为。金融、地产等领域积累了大量剩余资本，民间存在大量游资，这些剩余资本、民间游资有些没有用到正常的市场化经营性运作的体系中，而是用于个别产品的爆炒上，严重破坏、侵蚀了市场竞争的正常秩序。例如，过去出现的"蒜你狠""糖高宗""苹什么""豆你玩""药你命"等网络词暴露了这些资本无孔不入的投机，不仅脱离了私营部门的经营范畴，而且对生产领域造成严重冲击，导致部分产品暂时性供给出现短缺，扰乱市场正常秩序。事实上，市场投机行为，不仅暴露私营部门或私人逐利的功利主义倾向，而且严重扰乱了市场正常规范的建构。

---

① 李晓壮：《中国专利申请状况的映射——关于科技创新动力的思考》，《科技管理研究》2009 年第 11 期。

市场秩序的规范和重建任重道远，现代市场运行多数情况下由市场中介组织自主监管①，如行业协会、商会等社会组织。通过社会组织参与、协同政府对市场越轨行为进行监管，整肃市场失范行为，建立一个有效监管的好市场，是政府管理的重要职能，也是市场自律、健康发展的前提，这对整个社会建设和发展沿着正确的轨道推进至关重要。

二　构建接受监督的好政府

"'权力'基本上是指一个行为者或机构影响其他行为者或机构的态度和行为的能力。"② 监督政府主要是监督政府的权力。权力监督中所研究的权力是指政治权力。政治权力是一种公共权力，在特定的力量对比关系中，政治权力主体为了实现和维护自身的利益而拥有的对政治权力客体的制约能力③。政治权力的扩张性、自利性和腐蚀性等特征使得对政治权力的监督和制约成为必要④。得不到监督的权力，将无限扩张。只有建立健全对政府权力的监督机制，保持政府权力在阳光下运行，才能落实政府公共责任，才能重塑政府公信力，才能捍卫公共利益，才能真正实现政府职能和管理方式转变，加强政府行政能力建设，保障党的执政地位不动摇。

改革开放以来，建立社会主义市场经济体制，可谓政府放权一大壮举，使以往国家一元主体转变为政府与市场的二元主体，形成了政府、市场二元关系的构筑。市场的出现，为资源配置机制提供了多元化途径，政府权力的边界开始出现，政府权力受到一定制约。但是，

---

① 董礼胜主编《分析与比较："行政改革与地方治理"国际研讨会论文集》，中国社会科学出版社，2007，第3页。

② 邓正来主编《布莱克维尔政治学百科全书》，中国政法大学出版社，1992，第595页。

③ 王浦劬主编《政治学基础》，北京大学出版社，1995，第76页。

④ 董云虎：《论权力的制约和监督》，《人权》2006年第6期。

2008年,"亚洲金融危机""美国次贷危机"的化解,显示出国家权力的强大,政府的行政权力"泛政治化"较为普遍,"政府市场主义"较为盛行。例如:政府权力渗透拆迁、政府权力渗透房地产开发等不该介入的领域。无限制的权力必然滋生腐败,2010年"重庆打黑",2011年"慈善丑闻"等暴露出的腐败和政府诚信问题可见一斑。明显超越政府行政权力的边界,必然导致政府失灵和信任危机。前文中公众对惩治腐败、司法公正、干部作风等社会规范领域的关注也很好地说明了这一点。

2010年温总理在政府工作报告中指出,"……创造条件让人民批评政府、监督政府,同时充分发挥新闻舆论的监督作用,让权力在阳光下运行"。因此,必须对政府权力进行有效监督。"政府不在于下命令的权力或者政府权威的使用,政府可以使用新工具和技术来掌舵和指导,以增强自己的能力"。① 因此,从政府角度出发,必须提升自身能力建设,加大信息公开力度,深入推进政府政务公开,积极推进官员财产申报制度,充分发挥监察、审计部门的作用,加强对行政权力运行的监督,建立健全惩治和预防腐败体系制度,加强公务员自律意识,塑造政府规范。从社会角度出发,需要构建适应新形势下监督政府权力的新机制、新做法,例如,成都市基层民主"议事会"自治制度②,重庆巫溪县社会组织"乐和协会"参与基层治理机制③,使决策权与执行权相分离,充分利用和调动社会力量对基层政权进行有效监督,探索出了新型民主监督机制,培养"公民身份",促进主体性社

---

① Stoker, G. "New Localism, Progressive Politics and Democaracy", *Political Quarterly*, 2004, 75 (s1): 117–129.

② 蔡昉、程显煜主编《城乡一体化:成都统筹城乡综合配套改革研究》,四川人民出版社,2008。

③ 中共巫溪县委研究室:《巫溪县以"乐和家园"建设推动社会管理创新》,《新重庆》2011年第5期。

会发育；此外，2010 年，成都市实行街道乡镇改革，剥离街道、乡镇经济职能，大大增强了街道和乡镇公共服务管理职能，等等。这些做法取得了很好的效果，增强了社会活力，体现了民主与自治，提高了政府社会服务效能，具有一定的普遍意义。总之，在公共领域，除了政府自律，履行政府核心职能，通过社会力量参与政府权力的监督与制衡是防止权力扩张、公权力私用、权力缺位的有效途径，也是政府与社会合作的新模式，从而提高政府行政能力，达到善政。

三　构建能够协调的好社会

建立一个能够协调的好社会，是化解社会矛盾和问题、调处社会各阶层利益关系、整合社会资源的重要目标。

改革开放以来，我国建立了政府、市场二元主体框架，但是，社会这个主体还很薄弱，或者说还没有从国家威权体系中完全释放出来。自"和谐社会"提出之后，"社会建设""社会管理""社会组织"等带有社会特征的词语相继被提出来，说明，现在似乎需要像提出"市场"一样，将"社会"作为主导下一个 30 年发展的中心议题。但是，构建和谐社会也好，进行社会建设也好，前进的步伐并非一帆风顺的。当前，作为社会主体力量的社会组织在发展中遇到的瓶颈就可以说明这一点。截至 2008 年底，我国社会组织总量已经达到 41.4万个，每万人社会组织数量 3.1 个。根据国际经验，每万人社会组织数量发达国家为 50 个以上（法国为 110 个，日本为 97 个，美国为 52个），发展中国家为 10 个以上的有阿根廷（25 个）、巴西（13 个）、印度（10.2 个）等[①]，可以看出，我国社会组织发展相当滞后。

缺乏组织的社会也就缺乏与政府、市场进行利益谈判、协商、沟

---

① 李晓壮：《北京市社会组织的发展研究》，《北京社会科学》2011 年第 3 期。

通、制衡的组织主体，而缺乏组织主体的社会自然也是薄弱、无效率、僵化的社会。从诸多群体性事件和突发性事件的起因、处理过程、处理结果便可以看出，社会主体性缺失，社会组织薄弱，博弈中处于天然的劣势，很难获得或者寻求较为公平的答案，同时，这也成为公民对政府、市场产生信任危机的诱因。在政府和市场二元主体较为清晰的状况下，需要培育一个什么样的主体性社会？如何将政府分权后的社会事务交由主体性社会承担？主体性社会如何实现自我管理、自我监督、自我调解，规范有序，又充满活力的社会？等等。对这些问题的解决，我们认为，必须培育一个主体性的社会，能够与政府、市场共同构成治理国家的"三驾马车"，各施其责，互相协同，和谐共促。治理强调的是社会组织的参与，没有独立自主的社会组织，治理的理念就会大打折扣[①]。社会组织是社会建设的重要主体之一，是解决社会主体性缺失问题、培育社会发育的重要基础，同时，可以有效分担政府大包大揽的责任，规避政府风险，降低社会运行成本。当前，亟须发展壮大社会组织，提供社会组织的发展环境，发挥社会组织社会建设主体性作用，理顺和协调政府、市场与社会之间的关系。

"统治的一种趋势，……政府之外的力量被更多地强调"[②]，复杂的现代经济社会生活需要多元化的治理方式，只有在政府、社会和市场三维协作的多元治理结构中才能实现[③]。同时，社会建设之"车"也应该是"三轮驱动"的，实现政府、市场、社会的各就其职、各施其责、并驾齐驱，合作共进的治理格局。

---

① 韩恒：《殊途同归的公民社会？与郁建兴、周俊二位先生商榷》，《二十一世纪》2008 年第 10 期。

② Kooiman, J. "Social - political Governance: Overview, Reflection and Design", *Public Management*, 1999, 1: 67 - 92.

③ 清华大学社会学系社会发展研究课题组：《走向社会重建之路》，《民主与科学》2010 年第 6 期。

案例：村级社会治理新模式——议事会

2007 年，成都统筹城乡综合配套改革继续深入推进，为解决"三农"问题，成都首先从农村土地产权制度改革入手，以此作为解决"三农"问题的突破口。主要的办法就是对农村每个村民的土地进行产权确认，包括耕地（自留地、承包地）和宅基地，究竟有多少？在什么位置？属于谁？这些问题只有村民自己最清楚，如果依靠村"两委"来执行土地确权这件事，一旦出现不公平等现象就会出大乱子。于是，已经在个别村落试点的村民议事会在这个时候发挥了巨大作用。成都议事会的出现据说是源于原来的长老会，具体发源地，有种说法为发源于都江堰的鹤鸣村，有的说法为发源于邛崃的石岩村，但不管发源哪里，在这次土地确权改革中发挥了主导作用。

村民议事会简单理解就是由每个自然村选出能够代表本自然村利益的村民组成行政村的村民议事会，这些议事会成员代表整个行政村的所有村民利益，具有对村级自治事务进行决策、监督、议事的职权，对村级代表大会负责，而村"两委"只作为执行决策的机构。这一做法，有效弥补了当前在农村难以召开村民代表大会的局限（农村流动人口变动大的因素），也有效地破解了村"两委"以往既是掌舵人又是划桨人双重角色带来的体制障碍，实现了村级日常事务村民自己说了算，农民真正当家做了主人，同时，这也是村级自治新模式的有益探索。

基于以上探索经验，2008 年 11 月 25 日，成都市委、市政府出台了 36 号文件，决定在全市范围内推行"以村民会议为村最高决策机构、村民（村民小组）议事会为常设议事决策机构、村民委员会为执行机构的村民自治机制"。这一治理机制使成都顺利实现了土地改革。

为加大解决"三农"问题力度，2009 年，成都市对每个农村行政村下拨 26 万元的"公共服务与社会管理项目专项资金",这笔钱对于农村来说是一个很大数目,钱花在哪?怎么花?谁来花?在村民议事会的治理结构下,这些问题都迎刃而解。村民议事会的决策不仅遏制了以往由某个人、某几个人说了算的不法行为,而且体现了全体村民的集体意识,形成了自下而上的监督,使得农村更加民主,民生更加进步。

第三节 完善绩效评估制度

美英等国家在绩效评估法制建设上走的是"自上而下"的道路,即由中央政府绩效评估立法,进而推进各地方政府绩效评估。日本绩效评估法制建设走的是"自下而上"的道路,即由地方政府探索建立政府绩效评估法案,进而推动中央政府进行绩效评估立法。中国政府绩效评估法制建设似乎也遵循"自下而上"的道路,因为,从目前来讲,还没有颁布一部国家层面的绩效法案,"处于自发半自发状态"[①]。因此,实现地方政府社会建设绩效评估的制度化,规范绩效评估行为,对顺利推进社会建设具有重要意义。

一 构建多元评估主体

彭国甫认为中国政府绩效评估主体是由外部评估主体和内部评估主体构成的有机系统[②]。我们认为,简单地说,政府绩效评估主体总体上包括四个方面两个维度,即上级评估、内部评估、政党评估、社会评估四个方面,前三者统称政府评估,以非政府为评估主体的统称为社会评估。当前,在政府绩效考核中,上级政府考核下一级政府是绩效评估

---

① 周志忍:《公共组织绩效评估——英国的实践及其对我们的启示》,《新视野》1995 年第 5 期。
② 彭国甫:《对政府绩效评估几个基本问题的反思》,《湘潭大学学报(哲学社会科学版)》2004 年第 3 期。

常态。这一做法的优势在于，绩效评估信息完全或部分对称，但是，从多种角度来看，这种绩效评估的效果并不理想，有失公平、公正，缺乏公信力。社会评估这一做法的优势在于，专业性强，有较强的社会公信力，但是，由于信息不对称，绩效评估的准确性存在一定的问题。为此，要想得到科学、客观的绩效评估结果，必须形成多方评估主体共同参与的绩效评估治理机制，构成政府与社会协同的绩效评估模式。

二　确定合理绩效标准

绩效标准从目标管理、标杆管理、全面质量管理等管理模式中发展而来，绩效标准就是以绩效理念为基本导向，以绩效评估为基本的元工具，将绩效沟通、绩效控制、绩效改进等基本元素渗透于标准化管理的各个环节[1]。绩效标准使政府从注重"效率优位"向"质量优位"转变[2]，融入以人为本、民众本位的绩效管理理念。政府绩效标准具有工具理性内蕴、实现价值理性追求、把握关键流程脉络、运用绩效评估的方法和明确管理结果导向的特征[3]。因此，确立合理的绩效标准为政府部门提高工作绩效提供了指导性方针。

三　健全绩效评估机构

在政府绩效评估过程中，评估组织者是绩效评价四类相关者之一，即组织实施评估的组织机构，主要负责组织评估过程和对信息科学处理并获得最终评估结果，拥有评价组织权[4]。政府绩效评估能否

---

① 卓越、徐国冲：《绩效标准：政府绩效管理的新工具》，《中国行政管理》2010年第4期。

② 周志忍：《公共部门质量管理：新世纪的新趋势》，《国家行政学院学报》2000年第2期。

③ 卓越、徐国冲：《绩效标准：政府绩效管理的新工具》，《中国行政管理》2010年第4期。

④ 包国宪、曹西安：《地方政府绩效评价中的"三权"问题探析》，《中州学刊》2006年第6期。

顺利达到预期的效果，在很大程度上取决于评估组织机构的组织和筹划，即评估组织权的使用。因此，健全绩效评估机构对社会建设绩效评估的组织和筹划、协调具有至关重要的作用，是社会建设绩效评估实现预期效果的必要前提。

四　完善评估立法工作

（一）明确评估立法目的

立法应该以党的十六届六中全会提出的"认真实施体现科学发展观要求的综合考核评价办法，把领导社会建设的绩效列为考核内容，增强领导班子和领导干部统筹经济社会发展的能力"为基础，以促进经济社会协调发展为目标。绩效评估立法可以有效弥补官僚体制的缺陷，强化领导干部和领导班子对加强和推进社会建设的认识和责任感，落实政府公共责任。一个负责任的政府必须认识到当前社会矛盾和问题的本质是经济社会发展不平衡、不协调，应以实际行动扭转这一局面，从以往注重经济建设绩效考核转变到经济建设绩效与社会建设绩效并重，从以往对上负责转变到对社会所有公民负责，强调政府公共责任和科学发展意识。同时要认识到，现代型政府从官僚结构向治理结构转变，强调社会建设主体的多元化。因此，地方政府社会建设绩效评估立法目的是要将加强和推进社会建设工作集中到经济社会协调发展、注重实绩效果和公民满意度方面。

（二）明确评估基本规范

地方政府社会建设绩效评估规范一般包括评估主体、评估客体、评估指标、评估方法、评估程序和评估结果等方面的规范，这些基本规范应该在立法中得到明确体现。

（三）明确绩效监督管理机构

社会建设绩效评估是政府一项新的工作内容，涉及人、财、物等重大事项的审批、审核、监督与奖惩。因此，需要在立法中规范人大及其常委会、预算管理部门、上级主管部门的监督和管理职责，各监督和管理机构权限和责任应不存在交叉，赋予政府部门对绩效评估机构的申诉权利，保证整个过程公开透明①。此外，要通过民调机构经常性地调查公民对政府社会建设工作的评议情况，形成评议机构、监督机构与公民上下互动的监督评议机制，完善社会建设绩效管理。

（四）建立问责机制

政府加强和推进社会建设是落实政府公共责任的最大体现。而问责制是政府责任制度化、法制化和程序化的表现形式②，其设计则以责任失范的发现为前提，以责任的解释、判断与评估以及责任的追究等为主要运行环节③。而绩效评估的程序与问责制的程序基本一致，都包括评估和评估结果运用等步骤④。评估结果的运用是问责制运用体现的关键，因为其要根据业绩进行奖惩和人事任免。因此，在加强和推进社会建设过程中，强化问责制有利于强化领导干部和领导班子责任意识，更好地落实社会建设工作。

---

① 吴建南、温挺挺：《政府绩效立法分析：以美国〈政府绩效与结果法案〉为例》，《中国行政管理》2004 年第 9 期。
② 王柳、陈国权：《论政府问责制与绩效评估的互动》，《国家行政学院学报》2007 年第 6 期。
③ 赵蕾：《行政问责制度模型——基于运行程序的规范分析》，《公共管理学报》2006 年第 4 期。
④ 王柳、陈国权：《论政府问责制与绩效评估的互动》，《国家行政学院学报》2007 年第 6 期。

第四节　建立保障机制

一　机制保障：政府购买公共服务项目

在新公共服务理念的影响下，起始于 20 世纪 60 年代的政府购买公共服务的实践在西方异常兴盛，构成西方国家政府改革的重要组成内容。

"小政府，大社会"既是政府行政体制改革的主要方向，也是社会体制改革的重要目标。如何实现"政府小下去，社会大起来"？通过政府购买经济组织、社会组织公共服务的方式，构建政府与市场、政府与社会互助共进的关系模式，从而促进政府从传统的"无限政府"向服务型的"有限政府"转变。因此，政府要支持、引导社会组织参与政府公共服务和社会建设等项目，提供公开、公平、公正、诚信的竞争环境，不断扩大购买服务范围，不断提升公共服务的质量和效率，同时要加强监督评估机制建设，实现公共服务管理、公共产品提供主体和提供方式的多元化。同时，增强公共服务项目多层次供给能力，满足群众多样化需求。

二　财力保障：社会建设投入保障支持

公共财政的本质就是促进共同富裕，维护社会公平正义。世界各国在现代化过程中无不重视民生等社会建设领域投入，将其作为国民经济和政府财政支出的主要对象之一。改革开放以来，我国经济持续快速增长，为社会建设积累了丰厚的物质基础。但是，目前财政体制的特点是经济这头重，社会那头轻；上级政府重，下级政府轻，这种"头重脚轻"的格局很不利于经济社会协调发展，也不利于中央政府和地方政府同步发展，更不利于城乡均衡发展。因此，在加大民生等社会建设领域投入力度的同时，未来的财政要为社会建设投入提供财力保障支持还必须改革现有财政体制，实现三个方面的转变。

第一，财政规划覆盖群体范围要广一点。过去的财政规划仅以户籍人口为基准配套相应的公共产品、公共服务管理等，没有考虑单位外来人口。这必然导致公共产品、公共服务管理等供给严重不足，"上学难、看病难、住房难"等民生问题也就很难得到有效解决。因此，必须将单位外来人口对公共产品、公共服务管理等民生基本需求纳入地方政府公共财政规划范畴，做好地方政府公共财政以"全体人民为本"的顶层规划。

第二，调整财政支出结构。首先，财政支出向民生多一点。地方政府民生投入占一般财政预算支出应在60%左右，并与经济发展保持同步增长，以建立与人民群众日益增长的对公共服务管理事业需求相适应的公共财政体制。其次，财政支出向地方政府倾斜一点。随着行政管理体制改革不断深化，以及新的公共服务管理项目增多，地方政府社会事务性工作压力将逐渐加大，事权与财权不协调的状况将进一步加深，地方政府，特别是区县级政府财政捉襟见肘，有些地方政府还在负债运行，"小马拉大车"的状况①如何能推进社会建设这一全局性工作？因此，中央、省级政府要加大对地方政府的财政转移支付力度，特别是在民生等社会建设领域，解决地方政府财政困难。

第三，财政投入主体多元化。社会建设是一项系统工程，在以政府公共财政投入为主体、政府投入社会建设财力持续增长的同时，鼓励社会资本投入。鼓励各类企业、基金会、慈善团体等积极参与社会建设，兴办社会企业，弥补政府财政投入不足及其提供公共产品、公

---

① 张林江：《当前社会建设的三大困境》，《学习时报》2011年5月16日。

共服务管理失灵的状况。

三 机构保障：建立社会建设专门机构

2011 年 9 月 16 日，成立于 1991 年的中央社会治安综合治理委员会更名为中央社会管理综合治理委员会，是政府向服务型政府转变的重要历史性标志。这不是简单更名，而是中央政府职能机构适应新时期经济社会不断发展的新需要，符合社会发展规律，也是建立服务型政府的必然要求。社会建设是中国特色社会主义事业建设布局中的一大建设，现在又成为亟待加强的领域，应该建立相应的配套机构，从组织上落实社会建设各项战略任务。

党的十七大后，有些地方政府响应党中央的要求，成立了相应机构。如北京市、上海市、广东省、大庆市相继成立了社会工作委员会、社会建设办公室，专门来加强和推进社会建设；江苏省由民政厅主抓社会建设和管理；海南省成立群众工作部；四川省由政法委主抓社会建设和管理；等等。尽管成立了相应机构，但是种类繁多，归口不一，不同的主管机构职能与职责不同，权限也不同。这就导致在推进社会建设过程中，部门间统筹协调、部门执行力等方面的不确定性、不连续性。因此，首先应通过立法来明确职能，建立一个职责明晰、有人管事、有钱办事、有权主事、宏观规划、统筹协调的社会建设工作专门机构。

四 人才保障：壮大社会建设工作队伍

中国改革开放的伟大实践表明，经济建设需要宏大的经济工作人才队伍，社会建设同样也需要宏大的社会工作人才队伍。党的十六届六中全会指出："要建设宏大的社会工作人才队伍。造就一支结构合理、素质优良的社会工作人才队伍，是构建社会主义和谐社会的迫切需要，……提高社会工作人员素质和专业水平。"改革开放以来，经济的持续快速发展，在很大程度上是因为党和政府培养了大批懂经济的干部人才。但是，面对新的历史时期、新的社会形势，光懂得经济建设和管理已经难以有效应对当今复杂多样的社会矛盾和问题。因此，面对社会建设这项新工作、新任务，我们要不断从实践中培养、锻炼大批社会建设工作人才，使其熟悉社会建设和管理的理论和方法，为顺利推进社会建设提供人才保障。

五　法制保障：社会建设的制度支撑

只有在法制的支撑下，社会建设才能得以公平、合理地推进，才能实现最佳的政治、社会、经济、文化的效益。为顺利推进社会建设工作，我们必须着手从五个方面做好法制保障。第一，必须根据形势及实际需要，及时梳理、修订、废止现行政策、法律、法规中不适应社会建设发展要求的内容。第二，社会建设某些领域还没有相应的法律、法规、政策规范，必须加紧调查研究，尽快出台。第三，要积极创造条件，将社会建设政策上升为地方性法规和规章范畴。第四，要选择一些政策规范作为立法试点，把经过实践检验，且行之有效的政策措施和成功经验，通过立法程序转化为人民群众的共同意愿。第五，加强地方政府社会建设绩效评估立法工作。

第五节　加强基础准备工作

地方政府社会建设绩效评估是一项系统工程，也是一项崭新的工作，涉及科教文卫体、社会保障、公检法司、财政、发改等多个政府部门和领域。根据前几章开展的实际评估工作，本书认为加强地方政府社会建设绩效评估需要加强的基础准备工作包括以下几个方面。

一 开发符合社会发展要求的指标体系

当前，经济建设方面的指标比较多，相对也比较成熟，如 GDP、GNP 等。而社会发展指标却比较少，能够像 GDP 一样的综合性社会发展指标还没有开发出来。因此，我们必须大力开发社会发展指标，使之适应现代社会发展要求，适应社会建设发展需求。现代政府职能转变正在加快，权力从过去的集中转变为分散，计划经济条件下政府一家独揽经济社会建设转变为政府 – 市场 – 社会三元主体的共建。同时，随着经济转轨、社会转型的剧烈社会大变迁，社会群体不断分化，不同阶层群体利益诉求各异，需求多样，这一局面可能导致政府或市场在提供公民需求时出现失灵的状况。为此，必然要求培育和壮大社会组织，架起政府与市场之间的桥梁，以有效弥补政府失灵或市场失灵问题。当代社会也强调以人为本、公民参与社会治理的理念（如志愿者参与汶川地震救援等），必然要求发展壮大志愿者队伍，使整个社会更具凝聚力和团结力，促进社会整合和进步。也要更加关注公民对政府的评议，倡导公民参与政府决策和评议也是现代社会民主文明的象征。因此，要大力开发具有时代特征、体现社会发展进步的社会指标。在绩效评估过程中注重客观绩效测量的同时，引入公民满意度测量，综合反映政府执政能力和绩效水平。

二 加强社会建设指标的统计工作

地方政府社会建设绩效评估是一项崭新的工作，很多考核指标也是新的，统计的口径与以往也有所不同。这就必然涉及大量基础数据的收集和加工。如常住人口数量、一般性财政预算支出情况、民生社会事业、社会管理、社会结构等产出结果情况。然而，由于我们的统计长期以来是以经济建设代替社会发展的全部，导致统计年鉴等资料中对经济指标数据的统计较为详细，而关于社会建设方面的统计指标数据少得可怜，甚至有些地方政府出于政绩的考虑，诸如刑事案件数量等负向的社会指标不予以公布。此外，我们有些统计口径还停留在计划经济时期的状况，如所有的统计指标数据的基数都是以户籍人口为基数进行统计，但是如今正处于人口大流动、社会大变迁的时代，有些地区流动人口数量已经超过本地户籍人口（如深圳、广州等地）。按照这样的统计方式，不仅会传递虚假信息，导致公共产品和公共服务等供给不足，而且也会给社会管理带来麻烦，增加社会风险。因此，要根据社会建设的特点，与时俱进，按照科学发展观的要求，认真履行政府职能和职责，研究设计科学准确的、能够反映政府社会建设重要方面的指标，并以常住人口为基数来设定统计口径、收集基础数据。

三　选用科学的绩效评估方法

开展地方政府社会建设绩效评估是一个全新的领域，采取主客观评估绩效相结合的测量方式也是首次尝试。由于地方政府社会建设绩效评估绩效的维度多、指标类型复杂，所以选用合适、简便的评估方法显得尤为重要。在笔者研究过程中，考虑样本数量、指标类型、数据来源的不同，采用了不同的测量方式和评估方法进行模型建构与实证研究。因此，客观要求必须结合实际情况，运用科学的方法，保证绩效评估过程的准确性和评价结果的科学性、有效性。

本章根据前文关于地方政府社会建设相关理论，以及实证分析所得结论，结合调研情况，着重研究优化加强地方政府社会建设绩效机制的问题。提出转变政府绩效理念、构建新型的治理格局、完善绩效评估制度、建立保障机制以及加强基础准备工作等五个方面的有效机制，以便顺利推进地方政府社会建设绩效评估工作，提高政府社会建设绩效水平，加快社会建设步伐。

第七章　成都市社会建设调查分析报告

第三章的重点是对社会建设指标体系的建构,虽然第三章第二节对成都市基本状况、成都市社会建设调研基本过程、问卷设计及样本基本情况进行了概要式的介绍,但并未进行全景展示。本章将对"成都市社会建设状况调查问卷"进行系统的描述分析,主要作用:一是回应第三章所提出的社会建设的主观评价情况,也就是公众对成都社会建设有什么样的看法、需求;二是从公众视角反映成都社会建设的一些基础信息,以有效衔接第四章在社会建设绩效满意度评估方面的研究。因此,本章内容的分析数据主要来自"成都市社会建设状况调查问卷"①。

第一节　民生社会事业状况分析

民生改善、社会事业进步是社会建设的重要内容,也是推进社会建设的根本着力点。

一　基本实现充分就业

就业是民生之本,牵动着千家万户。在被调查者中,有 63.6% 的

---

① "成都市社会建设状况调查问卷"框架内容主要涉及住户成员、个人工作、家庭状况及消费、社会问题评价、社会态度以及公共服务与社会参与6个方面,为保持与地方政府社会建设绩效评估指标体系框架相一致,在本章中列为4个方面。

人有工作；2.0%的人有工作，但目前在职休假、学习或临时停工、歇业；34.4%的人没有工作（见表7-1）。没有工作的主要原因有两方面，一是已离/退休，占37.7%；二是料理家务，占20.9%（见表7-2）。分户籍来看，没有工作的主要是非农业户口，占72.3%，且主要原因是已离/退休；农业户口没有工作的占27.7%，且主要原因是料理家务。从教育程度来看，没有工作的主要是高中及以下程度的，占82.5%。从性别来看，65%的女性没有工作，这与上述没有工作的主要原因中料理家务相互印证。按就业单位划分，16.0%的是在党政机关、国有企事业单位等体制内单位工作，84.0%均在私营企业、个体工商户等体制外单位工作。从就业身份来看，74.8%的为雇员，6.5%的为雇主，14.2%的为自营劳动者，1.3%的为家庭帮工，3.1%的为其他。在主观评价方面，45.9%的人对就业状况满意，也有15.8%的人对就业状况不满意，38.4%的人认为就业状况一般（见表7-3）。由此来看，成都市城乡居民就业较为充分，就业群体主要是在体制外单位工作，就业身份主要是雇员，就业状况的满意程度不高。

表7-1　城乡居民工作情况

单位：人，%

工作情况	频数	百分比
有工作	1272	63.6
有工作，但目前在职休假、学习或临时停工、歇业	40	2.0
没有工作	688	34.4
合　计	2000	100.0

表7-2　城乡居民没有工作的主要原因

单位：人，%

选项	频数	百分比
正在上学/参军	22	3.2
丧失劳动能力	45	6.6

续表

选项	频数	百分比
已离/退休	258	37.7
毕业后未工作	9	1.3
料理家务	143	20.9
因单位原因失去原工作	30	4.4
因本人原因失去工作	44	6.4
下岗/内退/买断工龄	35	5.1
承包土地被征用	42	6.1
其他	57	8.3
合　计	685	100.0

表 7-3　城乡居民对就业状况的满意度评价

单位：人，%

评价	频数	百分比
很不满意	61	3.1
不大满意	254	12.7
一般	767	38.4
比较满意	714	35.7
很满意	204	10.2
合　计	2000	100.0

二　城乡收入与支出差距较小

在调查对象中，家庭年总收入的平均值：农业户口为 43630.3 元，非农业户口为 57852.7 元，非农业户口与农业户口家庭年收入比为 1.3：1，城乡收入差距不大。在调查对象中，家庭年总支出的平均值：农业户口为 31143.6 元，非农业户口为 40914.9 元，非农业户口与农业户口家庭支出比也为 1.3：1。随着学历的提高，家庭年总收入逐渐提升，其中研究生学历的家庭年总收入提高明显，如表 7-4 所示。在家庭生活压力方面，排在前两位的是"住房条件差，建/买不起房""物价上涨，生活水平下降"。在购买衣服方面，选择"普通服装店"的人占58.8%。在饮食方面，问题为"外出吃饭一般都去什么地方"，其中选择"大众餐馆"的人占24.3%，选择"高档饭店"的人只有1.3%。城乡居民对过去5年的生活总体评价是上升的，同时，对未来5年的生活也抱有很高期望（见表7-5）。

表7-4　不同学历人群收入情况

单位：元

教育程度	家庭年总收入均值	家庭年总收入标准差
未受正式教育	32511.09	30236.943
小学	37558.07	34438.615
初中	46359.71	46637.038
高中	54896.85	50518.647
技校/职高/中专	62414.14	41971.159
大专	64882.17	61088.773
本科	74926.02	64219.161
研究生	102628.57	74850.368
总　计	50322.38	48901.011

表7-5　城乡居民生活比较及要求情况

单位：%

选项	与5年前相比，您的生活水平是	您感觉在未来的5年中，您的生活水平将会
	百分比	百分比
上升很多	28.6	23.2
略有上升	46.1	40.9
没变化	13.3	11.0
略有下降	7.1	3.6
下降很多	3.2	1.4
不好说	1.9	20.0
合　计	100.0	100.0

三　社会事业取得一定进步

被调查对象本人及其父亲、母亲、配偶的受教育水平以初中以下为主，分别占 60.1%、54.5%、62.9%、54.9%，被调查者本人大专以上学历占比较高，达到 17.6%，而其父亲、母亲及配偶的大专以上学历分别占 4.2%、2.2%、12.4%。表7-6显示，城乡居民对义务教育评价较好，比较满意达到 42.6%，很满意占 17.3%，也有 31.7% 的认为一般，同时，也有 8.5% 的人对义务教育不满意。在医疗卫生方面，对医疗卫生总体满意度评价尚可（见表7-7）。

在出行方式方面，51.1% 的城乡居民出行选择乘坐公共交通工具，选择开私家车的占 14.9%。在文化旅游休闲方面，去茶馆喝茶是最多的选择（成都地域特色），看电影、歌厅唱歌等文化活动日益丰富，看电视仍是城乡居民获得信息的主要渠道（88.8% 的选择此项），互联网的兴起（22.1% 的选择此项），为获取信息提供了更加便捷的渠道；去过本市/县内的旅游点（31.1%）、本省内的其他地区旅游点（20.1%）、外省旅游点（13.0%）、国外/境外旅游点（1.2%）的占比依次递减。

总体来看，虽然城乡居民受教育程度不高，但对现行的义务教育的满意度评价尚可，对医疗卫生与教育的满意度评价基本相同。同时，随着物质生活的改善，人民的精神生活也发生了很大变化，出行方式、获取信息方式更加便捷、渠道多元，文化旅游休闲活动日益成为人们的日常生活的一部分。

表7-6　城乡居民对义务教育的满意度评价

单位：人，%

评　价	频　数	百分比
很不满意	37	1.9
不大满意	132	6.6
一般	633	31.7
比较满意	852	42.6
很满意	346	17.3
总　计	2000	100.0

表7-7 城乡居民对医疗卫生服务的满意度评价

单位：人，%

医疗卫生服务	户口性质		样本数/百分比	
	农业户口	非农业户口	合计	百分比
很不满意	22	30	52	2.6
不大满意	67	131	198	9.9
一般	290	379	669	33.5
比较满意	425	391	816	40.8
很满意	191	74	265	13.3
合计	995	1005	2000	100.0

四 社会保障水平总体还比较低

在养老保险种类方面，有退休金的人占9.0%，有城镇基本养老保险的占28.2%，有城乡基本养老保险的占32.9%，有农村社会养老保险的占1.2%；在医疗保险种类方面，有公费医疗的占5.9%，有城镇职工基本医疗保险的占25.9%，有城镇居民医疗保险的占16.6%，新型农村合作医疗保险的占40.0%；失业保险方面，有14.5%的城乡居民选择该选项；工伤保险方面，有16.6%的城乡居民选择该选项；生育保险方面，有14.2%的城乡居民选择该选项；住房公积金等住房补贴选项中只有9.1%的城乡居民选择。由此来看，城乡居民的社会保障水平总体还比较低，城乡居民对社会保障的满意度评价达到满意的占56.9%，仅过半数（见表7-8）。

表7-8 城乡居民对社会保障的满意度评价

单位：人，%

选项	频数	百分比
很不满意	59	3.0
不大满意	163	8.2
一般	641	32.1
比较满意	850	42.5
很满意	287	14.4
合计	2000	100.0

第二节 社会管理状况分析

社会管理是社会建设的主要手段，也是推进社会建设的重要着力点。

一 社会问题较为集中

在社会问题方面，城乡居民在备选项中选择最多的前三项是："买到假冒伪劣产品"，选择"亲身经历过"的有30.2%；"环境污染影响居民生活"，选择"亲身经历过"的有23.2%；"征地/拆迁补偿不合理"，选择"亲身经历过"的有11.7%。在遇到此类问题时，城乡居民通常采取"无可奈何，只好忍了"或上访向政府有关部门反映或没有采取任何办法，导致一些问题得不到解决。在问被访对象，"您认为当前我市迫切需要解决的社会问题"（最多选三项），第一选择占比最高的是"看病难、看病贵"，选择此项的占21.5%；第二选择占比最高的是"物价上涨"，选择此项的占19.3%；第三选择占比最高的也是"物价上涨"，选择此项的占14.3%。由此可见，城乡居民都十分关注社会问题，而且，关注的社会问题较为集中。

二 社会群体之间矛盾呈现梯度化

在被访问者回答"社会群体之间是否存在矛盾冲突？"时，认为穷人与富人没有冲突的占36.4%，干部与群众之间没有矛盾的占45.5%，城里人与农村人之间没有矛盾的占57.2%，老板/雇主与雇员之间没有矛盾的占39.5%（见表7-9）。由此来看，相对而言，城里人与农村人之间的关系在四对关系较好，干部与群众之间关系其次，老板/雇主与雇员之间关系排在第三位，穷人与富人之间关系较差，排在最后。

表7-9　社会群体之间的关系

单位：人，%

选项	穷人与富人之间		干部与群众之间		城里人与农村人之间		老板/雇主与雇员之间	
	频数	百分比	频数	百分比	频数	百分比	频数	百分比
没有冲突	727	36.4	910	45.5	1144	57.2	789	39.5
有一点冲突	657	32.9	640	32.0	540	27.0	743	37.2
有较大冲突	317	15.9	203	10.2	121	6.1	150	7.5
有严重冲突	145	7.3	79	4.0	34	1.7	29	1.5
不大确定	154	7.7	168	8.4	161	8.1	289	14.5
合　计	2000	100.0	2000	100.0	2000	100.0	2000	100.0

三　社会安全状况较好

从表7-10社会安全状况来看，城乡居民关心的主要还是食品安全，认为不安全的比例最高，达到60.8%，认为不安全比例最低的是人身安全，仅占8.0%，个人和家庭财产安全，交通安全，劳动安全，个人信息、隐私安全的评价都超过60%。此外，75.4%的人认为社会稳定，81.4%的人认为社会和谐（见表7-11、表7-12）。由此可见，除食品安全外，其他社会安全领域评价总体情况较好，且社会稳定、社会和谐方面的评价反映也较好。

表7-10　社会安全评价

单位：%

选项	个人和家庭财产安全	人身安全	交通安全	医疗安全	食品安全	劳动安全	个人信息、隐私安全
很不安全	2.1	1.2	4.4	3.5	27.6	1.1	5.0
不大安全	9.9	6.8	25.6	19.3	33.2	9.9	13.3
比较安全	55.1	56.7	50.9	54.5	26.2	59.0	47.6
很安全	30.2	32.3	14.2	15.5	7.7	20.4	27.0
不大确定	2.9	3.1	5.0	7.4	5.4	9.7	7.2
合　计	100.0	100.0	100.0	100.0	100.0	100.0	100.0

表 7 - 11　城乡居民对当前社会形势是否稳定的认识

单位：人,%

选　项	频　数	百分比
非常不稳定	37	1.9
不太稳定	295	14.8
比较稳定	1243	62.2
非常稳定	264	13.2
说不清	161	8.1
合　计	2000	100.0

表 7 - 12　城乡居民对当前社会状况的总体感受

单位：人,%

选　项	频　数	百分比
非常不和谐	29	1.5
不太和谐	227	11.4
比较和谐	1358	67.9
非常和谐	270	13.5
说不清	116	5.8
合　计	2000	100.0

第三节　社会结构状况分析

在学理上，社会结构是社会建设的核心，而社会阶层结构是社会结构的核心，换言之，社会阶层结构是社会建设核心的核心。

一　金字塔形的社会阶层结构

本研究将按照陆学艺"十大阶层"的分类范式进行划分，即国家与社会管理者、私营企业主、经理人员、专业技术人员、办事人员、个体工商户、商业服务业员工、产业工人、农业劳动者、无业失业半失业人员十个阶层①。同样成都市社会阶层结构也由上述十个阶层构成（见表7-13），其中国家与社会管理者占2.3%，私营企业主占2.6%，经理人员占4.5%，专业技术人员占8.7%，办事人员占9.4%，个体工商户占13.4%，商业服务业员工占17.8%，产业工人占16.3%，农业劳动者占21.4%，无业失业半失业人员占3.6%（见表7-13）。由此来看，社会底层群体规模仍较大，社会还是一个金字塔形结构。

二　中产阶层规模较小

如果国家与社会管理者、私营企业主、经理人员、专业技术人员、办事人员，他们够条件成为中产阶层②，那么，成都市中产阶层这个群体占27.5%。由此可见，成都市中产阶层规模较小，距离形成一个中产社会还有很大距离。

表7-13　成都市社会阶层结构情况

单位：%

十大阶层	百分比
国家与社会管理者	2.3
私营企业主	2.6
经理人员	4.5
专业技术人员	8.7
办事人员	9.4
个体工商户	13.4
商业服务业员工	17.8
产业工人	16.3
农业劳动者	21.4
无业失业半失业人员	3.6

① 陆学艺主编《当代中国社会阶层研究报告》，社会科学文献出版社，2002，第9页。

② 李春玲：《当代中国中产阶层的构成及比例》，《中国人口科学》2003年第6期。

三 中产阶层主观认同度不高

在调查中，成都市中产阶层的自我认同比例十分低，如表7-14所示。其中，在中产阶层群体中，只有15.9%认为自己是中产阶层，而在非中产阶层群体中，有13.6%认为自己是中产阶层，总体平均为14.1%（见表7-14）。此外，认同"您的家庭是中产阶级家庭"的也只有15.2%。

表7-14 您认为自己是否属于中产阶层

单位：%

主观判断	是	不是	不知道什么意思	不好说	合计
中产阶层群体	15.9	67.0	11.2	5.9	100.0
非中产阶层群体	13.6	51.2	28.1	7.1	100.0
平　均	14.1	54.1	25.1	6.7	100.0

第四节 社会规范状况分析

社会规范具有社会整合功能，是社会建设重要组成部分。

从调查情况来看，城乡居民对惩治腐败不满意的占28.4%，选择一般的占36.2%，选择满意的占35.5%；对司法公正不满意的占16.0%，认为一般的占41.2%，选择满意的占43.0%；对社会诚信不满意的占6.7%，认为一般的占31.5%，选择满意的占61.9%；干部作风不满意的占16.8%，认为一般的占35.0%，选择满意的占48.3%（见表7-15）。由此来看，城乡居民对社会诚信满意度评价相对较好，其次是干部作风，排在第三的是司法公正，惩治腐败排在最后。

表 7 - 15 对社会规范的评价

单位：%

选项	惩治腐败	司法公正	社会诚信	干部作风
很不满意	9.5	3.7	1.1	4.5
不大满意	18.9	12.3	5.6	12.3
一般	36.2	41.2	31.5	35.0
比较满意	25.8	31.7	45.1	34.1
很满意	9.7	11.3	16.8	14.2
合 计	100.0	100.0	100.0	100.0

从表 7 - 16 可以看出，"老百姓应该听从政府的，下级应该听从上级的"，选择不同意的占 34.7%；"民主就是政府为人民做主"，选择不同意的占 22.7%；"国家大事有政府来管，老百姓不必过多考虑"，选择不同意的占 51.3%；"老百姓交了税，政府爱怎么花就怎么花"，选择不同意的占 82.7%；"政府搞建设要拆迁居民住房，老百姓应该搬走"，选择不同意的占 49.0%；"很多发了财的老板，都是靠政府官员的帮助"，选择不同意的占 30.9%；"应该从有钱人那里征收更多的税来帮助穷人"，选择不同意的占 23.3%。由此来看，城乡居民社会公正性意识较强，社会规范性意识也较强，选择不同比例情况反映了差异性，其中对"老百姓交了税，政府爱怎么花就怎么花"尤为不认同。

表 7 - 16 对社会规范的评价

单位：%

选项	老百姓应该听从政府的，下级应该听从上级的	民主就是政府为人民做主	国家大事有政府来管，老百姓不必过多考虑	老百姓交了税，政府爱怎么花就怎么花	政府搞建设要拆迁居民住房，老百姓应该搬走	很多发了财的老板，都是靠政府官员的帮助	应该从有钱人那里征收更多的税来帮助穷人
很不同意	8.5	7.9	15.9	56.2	18.1	6.0	4.3
不大同意	26.2	14.8	35.4	26.5	30.9	24.9	19.0
比较同意	38.2	42.9	28.4	9.5	29.2	32.7	32.7

续表

选项	老百姓应该听从政府的，下级应该听从上级的	民主就是政府为人民做主	国家大事有政府来管，老百姓不必过多考虑	老百姓交了税，政府爱怎么花就怎么花	政府搞建设要拆迁居民住房，老百姓应该搬走	很多发了财的老板，都是靠政府官员的帮助	应该从有钱人那里征收更多的税来帮助穷人
很同意	21.4	29.6	16.4	4.4	10.8	20.9	33.9
不大确定	5.8	4.9	4.0	3.5	11.2	15.7	10.2
合　计	100.0	100.0	100.0	100.0	100.0	100.0	100.0

本章主要针对"成都市社会建设状况调查问卷"进行较为详尽分析，以补充与本研究相关议题基础数据展示不足，同时也通过这些基础数据分析为全面展现成都市城乡居民社会建设水平实际，更加系统、科学地对社会建设领域的认识和评价。相关结论不再赘述。

附　录

附录 A：成都社会建设状况调查

中国社会科学院

成都市社会科学院

---

1. 问卷编号：【＿＿｜＿＿｜＿＿｜＿＿】

2. 采访地点（记录地点的名称和代码）

市＋县/区名称：＿＿＿＿＿＿＿＿＿　代码：［＿＿｜＿＿］

乡/镇/街道名称：＿＿＿＿＿＿＿＿　代码：［＿＿｜＿＿］

居委会/村委会名称：＿＿＿＿＿＿　代码：［＿＿｜＿＿］

3. 社区居委会/村委会联系人：　联系电话：

4. 被访者居住小区（院落）类型表：（单选）（由调查员记录）

［＿＿｜＿＿］

未经改造的老城区	01	集镇社区	06
单一或混合的单位社区	02	农村新型社区（农民集中安置区）	07
别墅区或高级住宅区	03	农村	08
流动人口聚居区	04	拆迁户安置社区	09
普通商品房小区	05	其他（请注明）＿＿＿＿＿＿	10

5. 调查员（签名）　＿＿＿＿＿　代码：【＿＿｜＿＿｜＿＿】

6. 互　　查（签名）＿＿＿＿＿代码：【＿＿｜＿＿｜＿＿】

督导审核（签名）＿＿＿＿＿代码：【＿＿｜＿＿｜＿＿】

二　　审（签名）＿＿＿＿＿代码：【＿＿｜＿＿｜＿＿】

7. 访问开始时间：［＿｜＿］月［＿｜＿］日［＿｜＿］时［＿｜＿］分；结束时间：［＿｜＿］时［＿｜＿］分（24 小时制）

8. 访问总长度：【＿＿｜＿＿｜＿＿】（分钟）

下面访问正式开始

A 部分：住户成员

请问目前您家里一共有多少人？我指的是：您家的家庭成员和在您家里居住了一周以上或将要居住一周以上的人，包括亲戚、保姆在内。请分别告诉我他们跟您是什么关系？他们的性别和周岁年龄是什么？他们在一周内是否住在家中？

调查员请按以下步骤进行：

第一步，把"住户人口登记表"中18～69周岁，并且调查时一周内居住在住户内的人口按"先排男性，后排女性；在同一性别中，先排年龄大者，后排年龄小者"的规则进行排序，并按此顺序将成员的性别和年龄填在下面的"KISH 选样表"中（如果本户中没有年龄为18～69周岁的住户成员，则放弃此户）；

第二步，按照"KISH 选样表"选出被访者。选样表的第一行有 8 个字母，在调查前，已由督导在这 8 个字母中圈选了一个。这个字母所在的那一列，和家庭成员排序的最后一位所在的那一行的交汇处的数字，就是被选中的家庭成员的序号。

第三步，请在《住户人口登记表》X5"访问"一栏和"KISH 选样表"Y1"序号"一栏以√标出被选中的被选者。

第四步，找到选中的被访者进行访问。

住户人口登记表						KISH 选样表										
	X1	X2	X3	X4	X5	Y1	Y2	Y3	A	B1	B2	C	D	E1	E2	F
人数	与答话人的关系	性别	年龄	居住	访问	序号	性别	年龄								
1	答话人					1			1	1	1	1	1	1	1	1
2						2			1	1	1	1	2	2	2	2
3						3			1	1	1	2	2	3	3	3
4						4			1	1	2	2	3	3	4	4
5						5			1	2	2	3	4	3	5	5
6						6			1	2	2	3	4	5	5	6
7						7			1	2	2	3	4	5	5	6
8						8			1	2	2	3	4	5	5	6

我需要访问的是____［与答话人的关系］，请问他/她在家吗？我现在能访问他/她吗？

【调查员注意：如果被访者不在家，需要预约合适的时间再来这家访问，并将每次预约的时间记录在下面】

您能告诉我，他/她什么时间在家？［将回答时间记录在下面表格处］，麻烦您告诉他/她等我。

如果被访者现在不在家，在下面记录被访者将在家的时间：（24 小时制）

＊__月__日__时__分	＊__月__日__时__分	＊__月__日__时__分

165

A1. 首先，请您告诉我目前在这所房子里居住的家庭成员有 ___ 人（注：包括正在读书的不住在此处的子女）A1 [__ | __]

请告诉我们他们的以下基本信息；如果您的父母、配偶、读书子女不住在这里，请您也告诉我们他们的以下基本信息。

a. 与被访者关系： 1. 子女 2. 岳父母/公婆 3. 祖父母 4. 媳婿 5. 孙辈子女 6. 兄弟姐妹 7. 其他（说明）	b. 性别 1. 男 2. 女 7. 不适用	c. 出生年份： （年） 9997. 不适用	d. 教育程度 01. 未受正式教育 02. 小学 03. 初中 04. 高中 05. 技校/职高/中专 06. 大专 07. 本科 08. 研究生 09. 其他（请注明） 97. 不适用	e. 民族 01. 汉 02. 蒙古 03. 满 04. 回 05. 藏 06. 壮 07. 维吾尔 08. 其他 97. 不适用	f. 户口性质 1. 农业户口 2. 非农业户口 3. 其他（请注明） 4. 没有户口 7. 不适用 8. 不清楚	g. 户口所在地 1. 本地址 2. 本区/县其他街道 3. 本市其他区县 4. 本省其他市 5. 外省/自治区/直辖市 7. 不适用 8. 不清楚	h. 居住情况 1. 住在本户 2. 住在别处 7. 不适用
1 被访者	A1b1 [_]	A1c1 [_|_|_|_]	A1d1 [_|_]	A1e1 [_|_]	A1f1 [_]	A1g1 [_]	A1h1 [_]
2 被访者父亲	1	A1c2 [_|_|_|_]	A1d2 [_|_]	A1e2 [_|_]	A1f2 [_]	A1g2 [_]	A1h2 [_]
3 被访者母亲	2	A1c3 [_|_|_|_]	A1d3 [_|_]	A1e3 [_|_]	A1f3 [_]	A1g3 [_]	A1h3 [_]
4 被访者配偶	A1b4 [_]	A1c4 [_|_|_|_]	A1d4 [_|_]	A1e4 [_|_]	A1f4 [_]	A1g4 [_]	A1h4 [_]
5 A1a5 [_]	A1b5 [_]	A1c5 [_|_|_|_]	A1d5 [_|_]	A1e5 [_|_]	A1f5 [_]	A1g5 [_]	A1h5 [_]
6 A1a6 [_]	A1b6 [_]	A1c6 [_|_|_|_]	A1d6 [_|_]	A1e6 [_|_]	A1f6 [_]	A1g6 [_]	A1h6 [_]
7 A1a7 [_]	A1b7 [_]	A1c7 [_|_|_|_]	A1d7 [_|_]	A1e7 [_|_]	A1f7 [_]	A1g7 [_]	A1h7 [_]

续表

a. 与被访者关系： 1. 子女 2. 岳父母/公婆 3. 祖父母 4. 媳婿 5. 孙辈子女 6. 兄弟姐妹 7. 其他（说明）	b. 性别 1. 男 2. 女 7. 不适用	c. 出生年份： （年） 9997. 不适用	d. 教育程度 01. 未受正式教育 02. 小学 03. 初中 04. 高中 05. 技校/职高/中专 06. 大专 07. 本科 08. 研究生 09. 其他（请注明） 97. 不适用	e. 民族 01. 汉 02. 蒙古 03. 满 04. 回 05. 藏 06. 壮 07. 维吾尔 08. 其他 97. 不适用	f. 户口性质 1. 农业户口 2. 非农业户口 3. 其他（请注明） 4. 没有户口 7. 不适用 8. 不清楚	g. 户口所在地 1. 本地址 2. 本区/县其他街道 3. 本市其他区县 4. 本省其他市 5. 外省/自治区/直辖市 7. 不适用 8. 不清楚	h. 居住情况 1. 住在本户 2. 住在别处 7. 不适用
8A1a8 [_]	A1b8 [_]	A1c8 [_|_|_|_]	A1d8 [_|_]	A1e8 [_|_]	A1f8 [_]	A1g8 [_]	A1h8 [_]
9A1a9 [_]	A1b9 [_]	A1c9 [_|_|_|_]	A1d9 [_|_]	A1e9 [_|_]	A1f9 [_]	A1g9 [_]	A1h9 [_]
10A1a10 [_]	A1b10 [_]	A1c10 [_|_|_|_]	A1d10 [_|_]	A1e10 [_]	A1f10 [_]	A1g10 [_]	A1h10 [_]
11A1a11 [_]	A1b11 [_]	A1c11 [_|_|_|_]	A1d11 [_|_]	A1e11 [_]	A1f11 [_]	A1g11 [_]	A1h11 [_]
12A1a12 [_]	A1b12 [_]	A1c12 [_|_|_|_]	A1d12 [_|_]	A1e12 [_]	A1f12 [_]	A1g12 [_]	A1h12 [_]
13A1a13 [_]	A1b13 [_]	A1c13 [_|_|_|_]	A1d13 [_|_]	A1e13 [_]	A1f13 [_]	A1g13 [_]	A1h13 [_]
14A1a14 [_]	A1b14 [_]	A1c14 [_|_|_|_]	A1d14 [_|_]	A1e14 [_]	A1f14 [_]	A1g14 [_]	A1h14 [_]

A2a. 您的婚姻状况是（单选）：　　　　　　　　　　　A2a ［＿＿＿＿］

未结过婚 ……………………………………………… 1→跳问 A3a

初婚 ……………………………………………………… 2

离婚未再婚 …………………………………………… 3

离婚后再婚 …………………………………………… 4

丧偶未再婚 …………………………………………… 5

丧偶后再婚 …………………………………………… 6

A2b. 您结婚的时间是＿＿＿年（指初婚时间）

　　　　　　　A2b 【＿＿＿｜＿＿＿｜＿＿＿｜＿ ＿ ＿】

A3a. 您目前的政治面貌是（单选）：　　　　　　　　A3a ［＿＿＿＿］

共青团员 ……………………………………………… 1

共产党员 ……………………………………………… 2

民主党派成员 ………………………………………… 3

群众 ……………………………………………………… 4→跳问 A4

A3b. 您是＿＿＿年加入的？　　　A3b 【＿＿＿｜＿＿＿｜＿＿＿｜＿＿＿】

A4. 您的宗教信仰是（单选）：　　　　　　　　　　　A4 ［＿＿＿＿］

基督教 ………………………………………………… 1

天主教 ………………………………………………… 2

伊斯兰教 ……………………………………………… 3

道教 …………………………………………………… 4

佛教 …………………………………………………… 5

民间信仰 ……………………………………………… 6

无宗教信仰 …………………………………………… 7

其他（请注明）＿＿＿＿＿＿＿ …………………… 8

A5a. 您的户口身份是否发生过变化？（指农业户口和非农户口之

间的转换） A5a ［＿＿＿］

　　是……………………………………………… 1

　　否………………………………………… 2→跳问 B1

　　A5a1. 您是＿＿年改变户口身份的：

　　　　　　　　　　　A5a1 【＿＿ | ＿＿ | ＿＿ | ＿＿】

　　A5a2. 如果您户口发生变化，您属于下面哪种情况：

　　　　　　　　　　　　　　　A5a2 ［＿＿＿］

　　由非农户口转为农业户口 ……………………… 1

　　征地拆迁后由农业户口转变为非农业户口 ……… 2

　　上大学后由农业户口转变为非农业户口 ……… 3

　　因工作原因由农业户口转变为非农业户口 ……… 4

　　由其他方式转变为非农业户口 ………………… 5

B 部分：个人工作状况

下面我想了解一下您目前从事生产、工作或经营活动的情况

调查员读出以下对于"工作"的解释：
这里所说的工作是指：①最近一周以来从事过 1 小时以上有收入的工作；②在自己/自己家庭或家族拥有的企业/机构中工作，虽然没报酬，但每周工作在 15 小时以上或每天工作 3 小时以上；③参加农业生产劳动；④符合上述 3 个条件之一，即算作有工作。
注意：①离退休人员、下岗失业人员，如果符合上述 3 个条件之一，也算有工作；②在校学生的勤工俭学、社会实践及毕业实习不算参加工作。

　　B1. 请问您目前的工作情况是（单选）： B1 ［＿＿＿］

　　有工作 ………………………… 1→跳问 B3a

　　有工作，但目前在职休假、学习，或临时停工、歇业

　　………………………… 2→跳问 B3a

　　没有工作 ………………………… 3

　　【调查员注意：查看 B1，如选"3"，即"没有工作"，则问 B2a -

B2e，否则跳问 B3a 前提示】

B2a. 您目前没有工作的最主要原因是什么呢？（单选）

B2a　[＿＿｜＿＿]

正在上学/参军 ……………………………… 01→跳问 B5 部分

丧失劳动能力 ………………………………… 02→跳问 B5 部分

已离/退休 …………………………………………… 03

毕业后未工作 …………………………………………… 04

料理家务 ………………………………………………… 05

因单位原因失去原工作 …………………………… 06

因本人原因失去原工作 …………………………… 07

下岗/内退/买断工龄 …………………………… 08

承包土地被征用 ………………………………… 09

其他（请注明）_____ ……… 10

B2b. 您目前已经连续多长时间（月）没有工作了？____个月

B2b【＿＿＿｜＿＿＿｜＿＿＿】

B2c. 您在目前没有工作的期间内，采取过以下哪种方式寻找工作？（多选）

在职业介绍机构登记 …………………………… 1　B2c1 [＿＿＿]

委托亲友找工作 …………………………………… 2　B2c2 [＿＿＿]

应聘或刊登广告 …………………………………… 3　B2c3 [＿＿＿]

参加招聘会 ………………………………………… 4　B2c4 [＿＿＿]

为自己经营做准备 ………………………………… 5　B2c5 [＿＿＿]

其他（请注明）_____ ……… 6　B2c6 [＿＿＿]

未找过工作 ………………………………………… 7　B2c7 [＿＿＿]

B2d. 您目前打算找工作吗？　　　　　　　B2d [＿＿＿]

打算找工作 …………………………………………………… 1

不打算找工作 ………………………………………………… 2

B2e. 如果现在有份工作，您能否在两周内去工作？　B2e［＿＿＿］

能 ……………………………………………………………… 1

不能 ……………………………………………………………… 2

【调查员注意：查看 B1，如选"1－2"，即"有工作"或"有工作，但目前在职休假、学习，或临时停工、歇业"，则续问 B3a－B4h，否则跳问 B5】

B3a. 请问您目前主要的工作（职业）是什么？（请详细说明工作内容、工种、岗位和职务等。如果您的工作活动属于家庭经营、个人单独做事或无具体工作单位就请告诉我您所做的具体事）［调查员请参照职业编码表进行追问并详细记录］

记录具体工作（职业）：＿＿＿＿＿＿＿＿＿＿＿＿＿＿＿＿＿＿＿

B3a［＿＿＿∣＿＿＿∣＿＿＿］

B3b. 您这份工作属于什么行业？（在单位就业者，请说出单位/公司的具体名称、生产和经营活动的类型；如果没有单位，则个人职业就等于行业）［调查员请参照行业编码表进行追问并详细记录］

记录具体行业：＿＿＿＿＿＿＿＿＿＿＿＿＿＿＿＿＿＿＿＿＿＿

B3b［＿＿＿∣＿＿＿］

B3c. 请问今年以来您这份工作平均每周工作多少个小时？（请将具体数字填写在横线上，并高位补零；完全从事农业劳动者可以不回答，直接选"997. 不适用"）

记录：［＿＿＿∣＿＿＿∣＿＿＿］小时 997.［不适用］

B3c［＿＿＿∣＿＿＿∣＿＿＿］

B3d. 您这份工作的主要收入支付方式是（是如何领钱的）？（多选）

按月领取 ……………………………………… 1　B3d1［＿＿＿］

按工（日）领取 ……………………………… 2　B3d2［＿＿＿］

按件领取 ·· 3   B3d3 [＿＿]

提取佣金（提成）······························· 4   B3d4 [＿＿]

按经营业绩获利 ······························· 5   B3d5 [＿＿]

按投资收益获利 ······························· 6   B3d6 [＿＿]

为自己家庭工作，不拿工资 ·············· 7   B3d7 [＿＿]

其他（请注明）＿＿＿＿＿＿＿ ·············· 8   B3d8 [＿＿]

B3e. 今年以来，您这份工作<u>平均每月</u>给您带来多少收入？

1）月工资（包括奖金、补助、经营所得等，但不包括利润和分红）［请将具体数字填写在横线上，并高位补零］：

百万位 十万位   万位   千位   百位   十位   个位

|＿|＿|＿|＿|＿|＿|＿|＿|＿|＿|＿|＿|＿|＿| 元

9999997.［不适用］9999999.［拒绝回答］

B3e1 [｜ ｜ ｜ ｜ ｜ ｜]

2）个人每月所得投资利润和分红［请将具体数字填写在横线上，并高位补零；如果是年终结算，请推算一下每月平均所得；持有本企业股份的职工也应填答］：

百万位 十万位   万位   千位   百位   十位   个位

|＿|＿|＿|＿|＿|＿|＿|＿|＿|＿|＿|＿|＿|＿| 元

9999997.［不适用］9999999.［拒绝回答］

B3e2 [｜ ｜ ｜ ｜ ｜ ｜]

3）您每月缴纳的养老保险金额［请将具体数字填写在横线上，并高位补零；如果是以年为单位缴费，请推算一下每月平均缴费；无养老保险的劳动年龄人口填 0，已领取养老保险或已退休人员直接选

"9997. 不适用"〕：

千位　　　　百位　　　　十位　　　　个位

9997.〔不适用〕　9998.〔不清楚〕　9999.〔拒绝回答〕

B3e3〔　｜　｜　｜　〕

4）您每月缴纳的住房公积金〔请将具体数字填写在横线上，并高位补零；如果是以年为单位缴费，请推算一下每月平均缴费；无住房公积金的直接选"9997. 不适用"〕：

千位　　　　百位　　　　十位　　　　个位

9997.〔不适用〕　9998.〔不清楚〕　9999.〔拒绝回答〕

B3e4〔　｜　｜　｜　〕

B3f. 这份工作您做了多少年？（请将具体数字填写在横线上，并高位补零）

记录：〔____｜____〕年〔____｜____〕月

B3f〔____｜____〕〔____｜____〕

下面请您告诉我您从事这份工作所在的单位/公司的一些情况

〔调查员注意：单位应该是一个独立核算的机构，有自己的财务和人事管理职权。如果被访人的工作机构分很多层级，无法区别哪一级是自己单位时，可以提示，被访者工资关系所在的那一级，就可能是他/她的单位；个体和农村土地承包者也请填答〕

B4a. 您从事这份工作所在的单位/公司是（单选）：

B4a〔____｜____〕

农村土地承包者 …………………………………… 01→跳问 B5

党政机关、人民团体、军队 ……………………… 02

国有及国有控股企业 ……………………………… 03

国有事业单位 ……………………………………… 04

集体企业或事业单位 ……………………………… 05

私营企业或民办非企业单位 ……………………… 06

三资企业或事业单位 ……………………………… 07

个体工商户 ………………………………………… 08

社会组织及自治组织 ……………………………… 09

其他（请注明）_____ ………………… 10

没有单位 …………………………………………… 11→跳问 B5

［不清楚］ ………………………………………… 98→跳问 B5

B4b. 您在这个单位中的身份是（单选）：　　　　　B4b ［____］

雇员或工薪收入者 ………………………………… 1→跳问 B4d

雇主/老板（即企业的所有者/出资人/合伙人）…… 2

自营劳动者……………………………………………… 3

家庭帮工（为自己家庭/家族的企业工作，但不是老板）

　　…………………………………………… 4→跳问 B4d

其他（请注明）_____ ………………… 5

B4c. ［B4b 回答"2 – 3"者回答］您目前雇用了多少人？

B4c ［ _|_|_|_| ］

万位	千位	百位	十位	个位	
——	——	——	——	——	人

B4d. 目前您与工作单位（或劳务公司）签劳动合同了吗？

签了＿＿＿年劳动合同　　　　　　　　　　　B4d ［＿＿＿｜＿＿＿］

没有签劳动合同……………………………………………… 00

签长期劳动合同…………………………………………… 99

［不清楚］……………………………………………… 98

B4e. 您在这个工作单位中的职位是（单选）：　　B4e ［＿＿＿］

高层管理者 ………………………………………………… 1

中层管理者 ………………………………………………… 2

基层管理者 ………………………………………………… 3

普通职工 …………………………………………………… 4

B4f. 包括您在内，您单位/公司有多少人？（请将具体数字填写在横线上，并高位补零）

B4f ［＿＿＿｜＿＿＿｜＿＿＿｜＿＿＿｜＿＿＿］

万位	千位	百位	十位	个位	
——	——	——	——	——	人

99998. ［不清楚］

【调查员注意：以下题目询问所有被访者】

B5. 您目前有下列哪些社会保障？

	有	没有	［不清楚］	［不适用］	编码
a. 退休金	1	2	3	7	B5a ［＿＿＿］
b. 城镇职工基本养老保险	1	2	3	7	B5b ［＿＿＿］
c. 企业年金/补充养老保险	1	2	3	7	B5c ［＿＿＿］
d. 城乡居民养老保险	1	2	3	7	B5d ［＿＿＿］
e. 农民工综合社会保险	1	2	3	7	B5e ［＿＿＿］
f. 公费医疗	1	2	3	7	B5f ［＿＿＿］
g. 城镇职工基本医疗保险	1	2	3	7	B5g ［＿＿＿］

续表

	有	没有	［不清楚］	［不适用］	编码
h. 城镇居民医疗保险	1	2	3	7	B5h ［____］
i. 新型农村合作医疗	1	2	3	7	B5i ［____］
j. 失业保险	1	2	3	7	B5j ［____］
k. 工伤保险	1	2	3	7	B5k ［____］
l. 生育保险	1	2	3	7	B5l ［____］
m. 最低生活保障	1	2	3	7	B5m ［____］
n. 住房保障（包括公积金、住房补贴、廉租房、经济适用房等）	1	2	3	7	B5n ［____］

B6. 请问您工作以来，工作性质、岗位、职位是否有过变化？

B6 ［____］

（学生的勤工俭学不算参加工作；知青下乡及农民从参加劳动生产起算参加工作）

没有工作过……………………………………… 1 →跳问 C 部分

没有变化……………………………………… 2

有变化……………………………………… 3

B7. 下面我想了解一下您第一份工作和最后一份（或目前）工作的一些情况

【调查员注意："最后/目前的工作"一项对目前有工作的人，可按照 B3 B4 中的相应内容填写；对目前无业而以前工作过的人，则按照最后的工作填写】

	a. 工作开始/结束时间（年） 9997. [不适用]	b. 职业 [调查员请参照 B3a 的要求进行追问并详细记录] 9997. [不适用]	c. 教育程度 01. 未受正式教育 02. 小学 03. 初中 04. 高中 05. 技校/职高/中专 06. 大专 07. 本科 08. 研究生 09. 其他（请注明） 97. [不适用]	d. 单位类型 01. 党政机关/军队 02. 国有企业 03. 国有事业 04. 人民公社 05. 集体企业 06. 民营企业 07. 三资企业 08. 个体经营 09. 农村家庭经营 10. 社会组织及自治组织 12. 其他（请注明） 12. 没有单位 97. [不适用] 98. [不清楚]	e. 单位中的身份 01. 干部 02. 正式工人 03. 临时工 04. 农民 05. 军人 07. 雇员 08. 老板/雇主 09. 自营劳动者 10. 家庭帮工 97. [不适用] 98. [不清楚]	f. 在单位中的职位 1. 高层管理者 2. 中层管理者 3. 基层管理者 4. 普通职工 7. [不适用] 8. [不清楚]	g. 工作结束时月收入 （单位：元） 99997. [不适用] 99999. [拒绝回答]	h. 户口 1. 非农 2. 农业 3. 其他 7. [不适用]
第一份工作 开始时间 结束时间	B7a1 [＿][＿] B7a2 [＿][＿]	B7b1 [＿][＿][＿]	B7c1 [＿][＿]	B7d1 [＿][＿]	B7e1 [＿][＿]	B7f1 [＿]	B7g1 [＿][＿][＿][＿]	B7h1 [＿]

续表

	a. 工作开始/结束时间（年） 9997. [不适用]	b. 职业 [调查员请参照 B3a 的要求进行追问并详细记录] 997. [不适用]	c. 教育程度 01. 未受正式教育 02. 小学 03. 初中 04. 高中 05. 技校/职高/中专 06. 大专 07. 本科 08. 研究生 09. 其他（请注明） 97. [不适用]	d. 单位类型 01. 党政机关/军队 02. 国有企业 03. 国有事业 04. 人民公社 05. 集体企/事业 06. 民营企/事业 07. 三资企/事业 08. 个体经营 09. 农村家庭经营 10. 社会组织及自治组织 12. 其他（请注明） 97. [不适用] 98. [不清楚]	e. 单位中的身份 01. 干部 02. 正式工人 03. 临时工 04. 农民 05. 军人 07. 雇员 08. 老板/雇主 09. 自营劳动者 10. 家庭帮工 97. [不适用] 98. [不清楚]	f. 在单位中的职位 1. 高层管理者 2. 中层管理者 3. 基层管理者 4. 普通职工 7. [不适用] 8. [不清楚]	g. 工作结束时月收入 （单位：元） 99997. [不适用] 99999. [拒绝回答]	h. 户口 1. 非农 2. 农业 3. 其他 7. [不适用]
最后/目前的工作 开始时间 结束时间	B7a3 [___|___] B7a4 [___|___]	B7b2 [___|___|___]	B7c2 [___|___]	B7d2 [___|___]	B7e2 [___|___]	B7f2 [___]	B7g2 [___|___|___|___|___]	B7h2 [___]

178

C 部分：家庭状况及消费

C1. 下面了解一下您父母及配偶的一些情况（请将选项的数字代码填写在横线上）【注：如果从没有参加过工作，请填写 18 岁时父母的情况】：

	a. 政治面貌	b. 职业	c. 单位类型	d. 单位中的身份	e. 在单位中的职位	f. 月收入（单位：元）
	1. 共青团员 2. 共产党员 3. 民主党派 4. 群众 7. [不适用] 8. [不清楚]	[调查员请参照 B3a 的要求进行追问并详细记录] 【配偶退休且现在无工作则以最后一份工作为准】 997. [不适用]	01. 党政机关/军队 02. 国有企业 03. 国有事业 04. 人民公社 05. 集体企/事业 06. 民营企/事业 07. 三资企/事业 08. 个体经营 09. 农村家庭经营 10. 社会组织及自治组织 12. 其他（请注明） 12. 没有单位 97. [不适用] 98. [不清楚]	01. 干部 02. 正式工人 03. 临时工 04. 农民 05. 军人 06. 雇员 07. 老板/雇主 08. 自营劳动者 09. 家庭帮工 97. [不适用] 98. [不清楚]	1. 高层管理者 2. 中层管理者 3. 基层管理者 4. 普通职工 7. [不适用] 8. [不清楚]	99997. [不适用] 99999. [拒绝回答]
父亲 （被访者刚参加工作时）	C1a1 [___]	C1b1 [___｜___]	C1c1 [___｜___]	C1d1 [___｜___]	C1e1 [___]	C1f1 [___｜___｜___｜___｜___]

179

续表

	a. 政治面貌	b. 职业	c. 单位类型	d. 单位中的身份	e. 在单位中的职位	f. 月收入（单位：元）
	1. 共青团员 2. 共产党员 3. 民主党派 4. 群众 7. [不适用] 8. [不清楚]	[调查员请参照 B3a 的要求进行追问并详细记录] [配偶退休且现在无工作以最后一份工作为准] 997. [不适用]	01. 党政机关/军队 02. 国有企业 03. 国有事业 04. 人民公社 05. 集体企业 06. 民营企业/事业 07. 三资企业/事业 08. 个体经营 09. 农村家庭经营 10. 社会组织及自治组织 12. 其他（请注明） 12. 没有单位 97. [不适用] 98. [不清楚]	01. 干部 02. 正式工人 03. 临时工 04. 农民 05. 军人 06. 雇员 07. 老板/雇主 08. 自营劳动者 09. 家庭帮工 97. [不适用] 98. [不清楚]	1. 高层管理者 2. 中层管理者 3. 基层管理者 4. 普通职工 7. [不适用] 8. [不清楚]	99997. [不适用] 99999. [拒绝回答]
母亲（被访者刚参加工作时）	C1a2 [＿＿]	C1b2 [＿＿＿＿]	C1c2 [＿＿＿＿]	C1d2 [＿＿＿＿]	C1e2 [＿＿]	C1f2 [＿｜＿｜＿｜＿｜＿]
配偶（现在）	C1a3 [＿＿]	C1b3 [＿＿＿＿]	C1c3 [＿＿＿＿]	C1d3 [＿＿＿＿]	C1e3 [＿＿]	C1f3 [＿｜＿｜＿｜＿｜＿]

C2. 接下来，请您告诉我您家2010年全家的生活支出情况（请将具体数字填写在横线上，并高位补零；"不知道/不清楚"记录为9999998；"拒绝回答"记录为9999999；如无某项支出，则那一项上记录为0000000）：

项目	钱数（元）[百万｜十万｜万｜千｜百｜十｜个]
a.2010年，您家的总支出＿＿＿＿＿元（总支出与下面分项分别提问，无须加总验证）	C2a [___ ｜ ___ ｜ ___ ｜ ___ ｜ ___ ｜ ___ ｜ ___]
b. 其中，全年房贷分期偿还或房租的支出＿＿＿＿＿元	C2b [___ ｜ ___ ｜ ___ ｜ ___ ｜ ___ ｜ ___ ｜ ___]
c. 其中，全年饮食支出（包括家中饮食与外出饮食）＿＿＿＿元	C2c [___ ｜ ___ ｜ ___ ｜ ___ ｜ ___ ｜ ___ ｜ ___]
d. 其中，全年衣着费＿＿＿＿元	C2d [___ ｜ ___ ｜ ___ ｜ ___ ｜ ___ ｜ ___ ｜ ___]
e. 其中，全年医疗保健费＿＿＿＿元	C2e [___ ｜ ___ ｜ ___ ｜ ___ ｜ ___ ｜ ___ ｜ ___]
f. 其中，全年交通费＿＿＿＿元	C2f [___ ｜ ___ ｜ ___ ｜ ___ ｜ ___ ｜ ___ ｜ ___]
g. 其中，全年上网、通信费、有线电视＿＿＿＿元	C2g [___ ｜ ___ ｜ ___ ｜ ___ ｜ ___ ｜ ___ ｜ ___]
h. 其中，全年教育费用＿＿＿＿元	C2h [___ ｜ ___ ｜ ___ ｜ ___ ｜ ___ ｜ ___ ｜ ___]
i. 其中，全年文化、娱乐、旅游费用＿＿＿＿元	C2i [___ ｜ ___ ｜ ___ ｜ ___ ｜ ___ ｜ ___ ｜ ___]
j. 其中，全年电费、水费、燃气（煤）费＿＿＿＿元	C2j [___ ｜ ___ ｜ ___ ｜ ___ ｜ ___ ｜ ___ ｜ ___]
k. 其中，全年家用电器、家具等购置费用＿＿＿＿元	C2k [___ ｜ ___ ｜ ___ ｜ ___ ｜ ___ ｜ ___ ｜ ___]
l. 其中，人情往来＿＿＿＿元	C2l [___ ｜ ___ ｜ ___ ｜ ___ ｜ ___ ｜ ___ ｜ ___]

续表

项目	钱数（元）
	[百万 ｜ 十万 ｜ 万 ｜ 千 ｜ 百 ｜ 十 ｜ 个]
m. 其中，父母赡养费_____元	C2m [___ ｜ ___ ｜ ___ ｜ ___ ｜ ___ ｜ ___]
n. 其中，社会养老保险_____元	C2n [___ ｜ ___ ｜ ___ ｜ ___ ｜ ___ ｜ ___]
o. 您家全年中的其他（_____）支出_____元	C2o [___ ｜ ___ ｜ ___ ｜ ___ ｜ ___ ｜ ___]

C3. 请您告诉我您家2010年全家的各项收入情况（请将具体数字填写在横线上，并高位补零；"不适用"记录为9999997；"不知道/不清楚"记录为9999998；"拒绝回答"记录为9999999；如有某项目，只是2010年此项上无收入，则这项上记录为0000000）：

项目	钱数（元）
	[百万 ｜ 十万 ｜ 万 ｜ 千 ｜ 百 ｜ 十 ｜ 个]
a. 2010年，您家的总收入_____元 （总收入与下面分项分别提问，无须加总验证）	C3a [___ ｜ ___ ｜ ___ ｜ ___ ｜ ___ ｜ ___ ｜ ___]
b. 其中，农业总收入_____元 （务农收入、粮食直补、耕保基金、土地转租）	C3b [___ ｜ ___ ｜ ___ ｜ ___ ｜ ___ ｜ ___ ｜ ___]
c. 其中，工资、奖金、低保、困难补助等收入_____元	C3c [___ ｜ ___ ｜ ___ ｜ ___ ｜ ___ ｜ ___ ｜ ___]
d. 退休金_____元	C3d [___ ｜ ___ ｜ ___ ｜ ___ ｜ ___ ｜ ___ ｜ ___]
e. 其中，经商、办厂投资收入_____元	C3e [___ ｜ ___ ｜ ___ ｜ ___ ｜ ___ ｜ ___ ｜ ___]
f. 其中，股票、债券、分红、存款利息、放贷、房屋租金、村集体提供的福利等收入_____元	C3f [___ ｜ ___ ｜ ___ ｜ ___ ｜ ___ ｜ ___ ｜ ___]
g. 您家中全年的其他收入_____元	C3g [___ ｜ ___ ｜ ___ ｜ ___ ｜ ___ ｜ ___ ｜ ___]

C4. 请您告诉我目前您家的资产情况（请将具体数字填写在横线上，并高位补零；"不适用"记录为9999997；"不知道/不清楚"记录为9999998；"拒绝回答"记录为9999999；如有某项资产，只是目前还无收入，则这项上记录为0000000）：

项目	金额（元）
	［ 百万｜ 十万｜ 万｜ 千｜ 百｜ 十｜ 个 ］
a. 房产现值_____元	C4a ［ ___｜ ___｜ ___｜ ___｜ ___｜ ___｜ ___ ］
b. 金融资产（存款、股票/债券现值、出借的资金、手持现金等）_____元	C4b ［ ___｜ ___｜ ___｜ ___｜ ___｜ ___｜ ___ ］
c. 家用汽车_____元（现值）	C4c ［ ___｜ ___｜ ___｜ ___｜ ___｜ ___｜ ___ ］
d. 生产经营固定资产投资累积总额_____元	C4d ［ ___｜ ___｜ ___｜ ___｜ ___｜ ___｜ ___ ］
e. 生产经营流动资金总额_____元	C4e ［ ___｜ ___｜ ___｜ ___｜ ___｜ ___｜ ___ ］
f. 所欠债务（包括分期偿还的债务）_____元	C4f ［ ___｜ ___｜ ___｜ ___｜ ___｜ ___｜ ___ ］
g. 其他资产_____元	C4g ［ ___｜ ___｜ ___｜ ___｜ ___｜ ___｜ ___ ］

C5. 请问您家现在有下列哪些物品？

物品	数量	编码
1. 彩电（台）	［_］	C51 ［___］
2. 冰箱（台）	［_］	C52 ［___］
3. 洗衣机（台）	［_］	C53 ［___］
4. 小轿车（辆）	［_］	C54 ［___］
5. 摩托车（辆）	［_］	C55 ［___］
6. 电脑（台）	［_］	C56 ［___］
7. 摄像机（架）	［_］	C57 ［___］
8. 微波炉（台）	［_］	C58 ［___］

C6. 您认为，您家的社会经济地位在本地大体属于哪个层次？（单选）　　　　　　　　　　　　　　　C6 ［＿＿＿］

上 ……………………………………………………………… 1

中上 ……………………………………………………………… 2

中 ……………………………………………………………… 3

中下 ……………………………………………………………… 4

下 ……………………………………………………………… 5

不好说 ……………………………………………………………… 8

C7. 您认为您本人的社会经济地位在本地大体属于哪个层次？（单选）　　　　　　　　　　　　　　　C7 ［＿＿＿］

上 ……………………………………………………………… 1

中上 ……………………………………………………………… 2

中 ……………………………………………………………… 3

中下 ……………………………………………………………… 4

下 ……………………………………………………………… 5

不好说 ……………………………………………………………… 8

C8. 您认为，您的家庭是中产阶级家庭吗？（单选）　　C8 ［＿＿＿］

是 ……………………………………………………………… 1

不是 ……………………………………………………………… 2

不知道什么意思 ……………………………………………………… 3

不好说 ……………………………………………………………… 8

C9. 您认为，您本人是中产阶级吗？（单选）　　　　C9 ［＿＿＿］

是 ……………………………………………………………… 1

不是 ……………………………………………………………… 2

不知道什么意思 ……………………………………………………… 3

不好说 ……………………………………………………………… 8

C10. 目前这些生活问题对您家造成的压力是否有？多大呢？

问题		压力大小							编码
		压力很大	压力较大	有些压力	压力很小	无压力	不适用	说不清楚	
a	住房条件差，建/买不起房	5	4	3	2	1	7	8	C10a [＿＿]
b	子女教育费用高，难以承受	5	4	3	2	1	7	8	C10b [＿＿]
c	医疗支出大，难以承受	5	4	3	2	1	7	8	C10c [＿＿]
d	物价上涨，生活水平下降	5	4	3	2	1	7	8	C10d [＿＿]
e	家庭收入低，日常生活困难	5	4	3	2	1	7	8	C10e [＿＿]
f	家人无业、失业或无稳定收入	5	4	3	2	1	7	8	C10f [＿＿]
g	赡养老人负担过重	5	4	3	2	1	7	8	C10g [＿＿]

C11. 您买衣服通常去什么地方？（最多选两项）：

品牌服装专卖店 ……………………………… 1　C11a [＿＿]

大商场 ………………………………………… 2　C11b [＿＿]

普通服装商店 ………………………………… 3　C11c [＿＿]

街边摊点 ……………………………………… 4　C11d [＿＿]

其他地方（请写出＿＿＿＿＿＿）…………… 5　C11e [＿＿]

从来不买衣服 ………………………………… 7　C11f [＿＿]

C12. 您外出吃饭一般都去什么地方？（最多选两项）

小吃店 ………………………………………… 1　C12a [＿＿]

小饭馆 ………………………………………… 2　C12b [＿＿]

快餐店 ………………………………………… 3　C12c [＿＿]

大众餐馆 ……………………………………… 4　C12d [＿＿]

中档饭店 ·· 5 C12e [____]

高档饭店 ·· 6 C12f [____]

其他地方（请写出_____） ·················· 7 C12g [____]

很少外出吃饭 ·· 8 C12h [____]

C13. 您平常较多的出行方式是（最多选两项）

走路 ··· 1 C13a [____]

乘公共交通工具（公共汽车/电车/地铁等） ·· 2 C13b [____]

乘出租汽车 ·· 3 C13c [____]

开/坐公家汽车 ·· 4 C13d [____]

开/坐私家车 ··· 5 C13e [____]

骑自行车、摩托车 ····································· 6 C13f [____]

其他（请注明）_____ ·················· 7 C13g [____]

C14. 请您回忆一下，一年以来您在哪些地方自费旅游过？

		去过 1~2次	去过 3~4次	去过 5~6次	去过 6次以上	没有 去过	编码
a	本市/县内的 旅游点	1	2	3	4	0	C14a [____]
b	本省内的其他 地区	1	2	3	4	0	C14b [____]
c	外省	1	2	3	4	0	C14c [____]
d	国外/境外	1	2	3	4	0	C14d [____]

C15. 您是否常去下列休闲场所？（每一行选一个空格地方打√）

	（1）每周 至少1次	（2）每月 至少1次	（3）每 3个月 至少1次	（4）一年中 偶尔去 一两次	（5）从未 去过	编码
A 卡拉OK厅						C15a [____]
B 电影院						C15b [____]
C 音乐厅						C15c [____]

	（1）每周至少1次	（2）每月至少1次	（3）每3个月至少1次	（4）一年中偶尔去一两次	（5）从未去过	编码
D 歌星演唱会						C15d [____]
E 迪斯科舞厅						C15e [____]
F 酒吧						C15f [____]
G 咖啡厅						C15g [____]
H 茶馆						C15h [____]
I 桑拿						C15i [____]
J 足浴						C15j [____]
K 游乐场/溜冰场						C15k [____]
L 健身房/游泳馆						C15l [____]

C16. 您获得重大社会事件新闻信息主要通过（最多选2项）

报纸 ……………………………………………… 1 C16a ［____］

广播 ……………………………………………… 2 C16b ［____］

电视 ……………………………………………… 3 C16c ［____］

互联网 …………………………………………… 4 C16d ［____］

手机短信 ………………………………………… 5 C16e ［____］

会议 ……………………………………………… 6 C16f ［____］

和亲友同事交谈 ………………………………… 7 C16g ［____］

其他（请写出_____） ……………………… 8 C16h ［____］

C17. 与5年前相比，您的生活水平是（单选） C17 ［____］

上升很多 ………………………………………………… 1

略有上升 ………………………………………………… 2

没变化 …………………………………………………… 3

略有下降 ………………………………………………… 4

下降很多 ………………………………………………… 5

不好说 …………………………………………………… 6

C18. 您感觉在未来的 5 年中，您的生活水平将会（单选）

C18 [_____]

上升很多 ……………………………………………………………… 1

略有上升 ……………………………………………………………… 2

没变化 ………………………………………………………………… 3

略有下降 ……………………………………………………………… 4

下降很多 ……………………………………………………………… 5

不好说 ………………………………………………………………… 6

D 部分：社会问题评价

D1. 在最近的 5 年中，您是否听过/见过或遇到过以下的问题？主要采用了哪些办法？问题解决得怎么样？

问题	D1a. 在最近的 5 年中，是否听说或遇到过？（单选） 1. 亲身经历过 2. 没有亲身经历过，但见过/听过周围人的亲身经历 3. 只从新闻媒体上见过/听过 4. 从来没有见过/听过	D1b. 如果是亲身经历过，那么主要采用了哪些办法？（最多选 3 项） 01. 打官司 02. 与对方当事人/单位协商 03. 上访/向政府有关部门反映 04. 找关系疏通 05. 找媒体帮助 06. 暴力反抗 07. 罢工/静坐/示威 08. 找人报复 09. 无可奈何，只好忍了 10. 没有采用任何办法 11. 其他办法（请注明） 97. ［不适用］ 98. ［不清楚］ 99. ［不回答］	D1c. 问题解决得怎么样？（单选） 1. 至今没有解决 2. 有关方面做了处理，但很不公正 3. 问题解决得比较公平 7. ［不适用］ 8. ［不清楚］ 9. ［不回答］
1. 政府有关部门乱收费	D1a1 [ ]	D1b1 [	] [	] [	]	D1c1 [ ]

问题	D1a. 在最近的5年中，是否听说或遇到过？（单选） 1. 亲身经历过 2. 没有亲身经历过，但见过/听过周围人的亲身经历 3. 只从新闻媒体上见过/听过 4. 从来没有见过/听过	D1b. 如果是亲身经历过，那么主要采用了哪些办法？（最多选3项） 01. 打官司 02. 与对方当事人/单位协商 03. 上访/向政府有关部门反映 04. 找关系疏通 05. 找媒体帮助 06. 暴力反抗 07. 罢工/静坐/示威 08. 找人报复 09. 无可奈何，只好忍了 10. 没有采用任何办法 11. 其他办法（请注明） 97. ［不适用］ 98. ［不清楚］ 99. ［不回答］	D1c. 问题解决得怎么样？（单选） 1. 至今没有解决 2. 有关方面做了处理，但很不公正 3. 问题解决得比较公平 7. ［不适用］ 8. ［不清楚］ 9. ［不回答］
2. 学校乱收费	D1a2 [ ]	D1b2 [|] [|] [|]	D1c2 [ ]
3. 征地/拆迁/移民补偿不合理	D1a3 [_]	D1b3 [|] [|] [|]	D1c3 [_]
4. 因看病治病和医院发生纠纷	D1a4 [_]	D1b4 [|] [|] [|]	D1c4 [_]
5. 政府人员司法不公、执法粗暴	D1a5 [_]	D1b5 [|] [|] [|]	D1c5 [_]
6. 贪污腐败、侵占国家集体资产	D1a6 [_]	D1b6 [|] [|] [|]	D1c6 [_]
7. 拖欠/克扣工资	D1a7 [_]	D1b7 [|] [|] [|]	D1c7 [_]
8. 工伤或职业病	D1a8 [_]	D1b8 [|] [|] [|]	D1c8 [_]
9. 老板单方面解除劳动合同（无补偿）	D1a9 [_]	D1b9 [|] [|] [|]	D1c9 [_]
10. 环境污染影响居民生活	D1a10 [_]	D1b10 [|] [|] [|]	D1c10 [_]
11. 购买到假冒伪劣产品	D1a11 [_]	D1b11 [|] [|] [|]	D1c11 [_]

D2. 您认为当前我市迫切需要解决的社会问题是什么？（最多选三项，并排序）

问题	第一选择	第二选择	第三选择	编码
就业失业问题	01	01	01	
看病难、看病贵	02	02	02	
养老问题	03	03	03	
教育公平问题	04	04	04	
收入差距过大贫富分化问题	05	05	05	
物价上涨问题	06	06	06	
住房价格过高问题	07	07	07	
社会治安问题	08	08	08	
贪污腐败问题	09	09	09	D2a [___ ｜ ___]
干群关系问题	10	10	10	D2b [___ ｜ ___]
司法不公问题	11	11	11	D2c [___ ｜ ___]
社会风气问题	12	12	12	
城乡之间差距问题	13	13	13	
环境污染问题	15	15	15	
征地、拆迁补偿不公问题	16	16	16	
劳资关系问题	17	17	17	
进城农民工受到不公平待遇问题	18	18	18	
其他（请注明）_____	19	19	19	
说不清楚	98	98	98	

D3. 您认为在我们的社会中，下面这些社会群体之间是否存在矛盾冲突？

	有严重冲突	有较大冲突	有一点冲突	没有冲突	不大确定	编码
穷人与富人之间	4	3	2	1	8	D3a [__]
干部与群众之间	4	3	2	1	8	D3b [__]
城里人与农村人之间	4	3	2	1	8	D3c [__]

续表

	有严重冲突	有较大冲突	有一点冲突	没有冲突	不大确定	编码
老板/雇主与雇员之间	4	3	2	1	8	D3d [__]
单位中管理者与被管理者之间	4	3	2	1	8	D3e [__]

D4. 您认为当前的社会形势是否稳定？（单选）　　　D4 [____]

非常不稳定 ·· 1

不太稳定 ·· 2

比较稳定 ·· 3

非常稳定 ·· 4

说不清 ·· 8

D5. 您对当前的社会状况的总体感受是（单选）　　　D5 [____]

非常不和谐 ·· 1

不太和谐 ·· 2

比较和谐 ·· 3

非常和谐 ·· 4

说不清 ·· 8

E 部分：社会态度

下面，想了解一下您对当前社会状况的评价，请把您的真实想法告诉我们，不要有任何顾虑。

E1. 您觉得当前社会生活中以下方面的安全程度如何？

		很不安全	不大安全	比较安全	很安全	不大确定	编码
1	个人和家庭财产安全	1	2	3	4	8	E11 [__]
2	人身安全	1	2	3	4	8	E12 [__]
3	交通安全	1	2	3	4	8	E13 [__]
4	医疗安全	1	2	3	4	8	E14 [__]
5	食品安全	1	2	3	4	8	E15 [__]

		很不安全	不大安全	比较安全	很安全	不大确定	编码
6	劳动安全	1	2	3	4	8	E16 [__]
7	个人信息、隐私安全	1	2	3	4	8	E17 [__]

E2. 您对您所在地方政府的下列方面是否满意？

		很不满意	不大满意	一般	比较满意	很满意	编码
1	医疗卫生服务	1	2	3	4	5	E21 [__]
2	社会保障	1	2	3	4	5	E22 [__]
3	义务教育	1	2	3	4	5	E23 [__]
4	劳动就业	1	2	3	4	5	E24 [__]
5	保护环境	1	2	3	4	5	E25 [__]
6	社会秩序	1	2	3	4	5	E26 [__]
7	惩治腐败	1	2	3	4	5	E27 [__]
8	司法公正	1	2	3	4	5	E28 [__]
9	社会诚信	1	2	3	4	5	E29 [__]
10	社会救助	1	2	3	4	5	E210 [__]
11	干部作风	1	2	3	4	5	E211 [__]
12	交通状况	1	2	3	4	5	E212 [__]

E3. 现在社会上有如下一些说法，您在多大程度上同意或者不同意？

		很不同意	不大同意	比较同意	很同意	不大确定	编码
1	老百姓应该听从政府的，下级应该听从上级的	1	2	3	4	8	E31 [__]
2	民主就是政府为人民做主	1	2	3	4	8	E32 [__]
3	国家大事有政府来管，老百姓不必过多考虑	1	2	3	4	8	E33 [__]
4	老百姓交了税，政府爱怎么花就怎么花	1	2	3	4	8	E34 [__]

		很不同意	不大同意	比较同意	很同意	不大确定	编码
5	政府搞建设要拆迁居民住房，老百姓应该搬走	1	2	3	4	8	E35 [　]
6	现在一心为老百姓着想的干部不多了	1	2	3	4	8	E36 [　]
7	很多发了财的老板，都是靠政府官员的帮助	1	2	3	4	8	E37 [　]
8	应该从有钱人那里征收更多的税来帮助穷人	1	2	3	4	8	E38 [　]

F 部分：公共服务与社会参与

F1. 您参加过村委（社区居委会）或村（居民）议事会成员的选举吗？

F1 [　　　]

没参加过 ……………………………………………………… 1

参加过一两次 ………………………………………………… 2

参加过多次 …………………………………………………… 3

不清楚 ………………………………………………………… 8

F2. 您认为村（居）民议事会的作用发挥得怎么样？

F2 [　　　]

发挥了很好的作用 …………………………………………… 1

有一些作用 …………………………………………………… 2

基本没有发挥作用 …………………………………………… 3

不适用 ………………………………………………………… 7

不清楚 ………………………………………………………… 8

F3. 您参加村（居）民会议吗？

F3 [　　　]

从不参加 ……………………………………………………… 1

参加过一两次 ·· 2

参加过多次 ·· 3

不清楚 ·· 8

F4. 您对村级（社区）的公共服务与社会管理资金的使用情况是否知晓？

F4 ［＿＿＿］

有财务公开，我很清楚 ······························ 1

有财务公开，我没有关心 ···························· 2

没有财务公开，我想知道 ···························· 3

没有财务公开，我也不想知道 ························ 4

不知道什么情况，我也没有了解过 ···················· 5

F5. 您对村级（社区）的公共服务与社会管理资金的使用是否满意？

F5 ［＿＿＿］

很满意 ·· 1

比较满意 ·· 2

一般 ·· 3

不满意 ·· 4

很不满意 ·· 5

不清楚 ·· 8

F6. 您认为村（社区）的建设和发展状况对你的生活是否有影响？

F6 ［＿＿＿］

有非常重要的积极影响 ······························ 1

有比较重要的积极影响 ······························ 2

没有影响 ·· 3

有一些消极影响 ······································ 4

有很大消极影响 ······································ 5

F7. 您认为村（社区）的公共服务与社会管理是否能够满足您的需要？

F7 ［＿＿＿］

完全满足 ……………………………………………… 1

基本满足 ……………………………………………… 2

不大满足 ……………………………………………… 3

很不满足 ……………………………………………… 4

不好说 ………………………………………………… 8

F8. 您参加过（村）社区举办的活动吗？

F8 ［＿＿＿］

从未参加 ……………………………………………… 1

参加过一两次 ………………………………………… 2

参加过多次 …………………………………………… 3

不清楚 ………………………………………………… 8

F9. 您愿意参加村（社区）举办的各种公益活动和志愿服务吗？

F9 ［＿＿＿］

愿意 …………………………………………………… 1

不愿意 ………………………………………………… 2

愿意，但没时间参加 ………………………………… 3

F10. 您对目前的村（居）干部满意吗？

F10 ［＿＿＿］

满意 …………………………………………………… 1

基本满意 ……………………………………………… 2

不满意 ………………………………………………… 3

没感觉 ………………………………………………… 4

F11. 您最关心的村（社区）事务是（限选四项）

发展经济……………………………………………………… 01

F11a ［＿＿＿］

干部及议事会成员选举………………………………………… 02

F11a ［＿＿＿］

村（社区）基础设施建设 ……………………………………… 03

F11b ［＿＿＿］

生活环境整治…………………………………………………… 04

F11c ［＿＿＿］

社会治安………………………………………………………… 05

F11d ［＿＿＿］

文化娱乐活动…………………………………………………… 06

F11e ［＿＿＿］

劳动就业、社会保障等公共服务……………………………… 07

F11f ［＿＿＿］

养老服务………………………………………………………… 08

F11g ［＿＿＿］

村（社区）医疗卫生服务 ……………………………………… 09

F11h ［＿＿＿］

其他（请注明）_____ ……………………… 10

F11i ［＿＿＿］

访问结束。

谢谢您的合作，再一次表示感谢！

［记录］被访者现居住地址：

_____

［记录］被访者姓名：_____ 联系电话（　　　　）

－_____

附录 B：

成都市社会建设工作领导小组办公室文件

————————★————————

关于报送社会建设相关指标数据的通知

各区（市）县社会办：

为研究制订我市社会建设评价指标体系和发展规划，了解各区（市）县城乡统筹 8 年来社会建设综合发展水平，请你们组织填写"成都区（市）县社会建设相关指标数据表"，并请于 7 月 26 日（星期二）前将数据表报送我办。

联系人：×××

电　话：86649758

附：成都区（市）县社会建设相关指标数据表

成都市社会建设工作

领导小组办公室

2011 年 7 月 21 日

附录 C：

成都市社会建设工作领导小组办公室文件

———————————————★———————————————

关于做好"成都市社会建设状况调查"课题组问卷调查相关工作的通知

各区（市）县社会办：

　　为认真贯彻落实市委、市政府《关于深化社会体制改革 加快推进城乡社会建设的意见》（成委发〔2011〕1 号）文件精神，经市委领导批准，由著名专家陆学艺教授率队的中国社科院研究团队与市社科院组成的"成都市社会建设状况调查"课题组，将于近期到锦江区等区（市）县进行入户问卷调查，现将有关事项通知如下：

　　一、调查时间

　　1. 预调查时间：5 月 23 日至 27 日（1 天，具体时间由市社科院领队商定）。

　　2. 正式调查时间：6 月 2 日至 12 日（共 11 天）。

　　二、调查区域

　　锦江区、青羊区、金牛区、武侯区、成华区、高新区、龙泉驿区、双流县、新津县、都江堰市

　　三、有关要求

　　1. 请各有关区（市）县社建办确定一名工作人员担任"成都市社会建设状况调查"小组联络员，负责与市社科院领队对接，为到各乡镇（街道）、村（社区）调查提供具体的联络、协调工作。

　　2. 请各有关区（市）县社建办联系被抽样的乡镇（街道），各确

定一名调查接洽负责人，负责与村组联系，并向市社科院领队提供其姓名和联系方式。

3. 请各有关区（市）县社建办于本月 23 日下班前向市社科院提供被抽取乡镇（街道）所辖村（社区）的名单及其人口数量等资料。

4. 请支持或协助提供调查组在当地的交通及食宿等事宜。

如有不清楚事项，请与市社建办政策法规处联系。

联系人：×××

电　话：86649543

成都市社会建设工作领导小组办公室

2011 年 5 月 20 日

附录 **D**：

地方政府社会建设绩效评估指标体系定义与说明

一、民生社会事业（10 个）

1. 每万人发明专利数

指在一定时期内，本地区常住人口中每万人拥有发明专利数量。是一个地区科技发展水平的重要标志。

$$计算公式 = \frac{发明专利数}{本地区常住人口总数（万人）}$$

计算单位：件

数据来源：科技局

2. 每万人大学学历人数

指在一定时期内，15 岁及以上本地区常住人口中每万人口拥有大学学历教育文化程度（大专及以上学历，包括成人学历教育，不包括各种非学历培训）人口数。是一个地区教育水平的重要标志。

$$计算公式 = \frac{拥有大学学历人数}{本地区常住人口总数（万人）}$$

计量单位：人

数据来源：教育局

3. 每万人执业（助理）医师数

指在一定时期内，本地区常住人口中每万人拥有执业（助理）医师数量。是一个地区医疗水平的重要标志。

$$计算公式 = \frac{执业（助理）医师数}{本地区常住人口总数（万人）}$$

计量单位：人

数据来源：卫生局、人口计生委

4. 城乡居民养老保险覆盖率

指在一定时期内,按照国家法律、法规和有关政策规定参加基本养老保险并在社保经办机构已建立缴费记录档案的城乡居民人数,包括中断缴费但未终止养老保险关系的居民人数,不包括只登记未建立缴费记录档案的人数。是一个地区社会保障水平的重要标志。

计算公式: $= \dfrac{\text{已参加城乡居民基本养老保险人数}}{\text{城乡人口总数}} \times 100\%$

计量单位:%

数据来源: 人社局

5. 每千名老年人拥有社会养老机构床位数

指在一定时期内,本地区常住人口中每千名老年人口(60 岁以上)拥有的社会养老机构床位数。是一个地区社会养老能力水平的重要标志。

计算公式: $\dfrac{\text{社会养老机构床位数}}{\text{本地区常住人口中老年人口总数(千人)}}$

计量单位: 张

数据来源: 民政局

6. 居民对义务教育满意度

指在一定时期内,居民对本地区中小学教育状况的评价。

计算公式: (很不满意 ×1 + 不大满意 ×2 + 一般 ×3 + 比较满意 ×4 + 很满意 ×5) /5

计量单位:%

数据来源: 通过抽样调查获得

7. 居民对医疗卫生服务满意度

指在一定时期内,居民对本地区医疗卫生服务状况的评价。

计算公式: (很不满意 ×1 + 不大满意 ×2 + 一般 ×3 + 比较满意 ×4 + 很满意 ×5) /5

计量单位:%

数据来源：通过抽样调查获得

8. 居民对社会保障满意度

指在一定时期内，居民对本地区社会保障状况的评价。

计算公式：（很不满意×1＋不大满意×2＋一般×3＋比较满意×4＋很满意×5）/5

计量单位:%

数据来源：通过抽样调查获得

9. 居民对社会救助满意度

指在一定时期内，居民对本地区社会救助的评价。

计算公式：（很不满意×1＋不大满意×2＋一般×3＋比较满意×4＋很满意×5）/5

计量单位:%

数据来源：通过抽样调查获得

10. 居民对劳动就业满意度

指在一定时期内，居民对本地区劳动就业状况的评价。

计算公式：（很不满意×1＋不大满意×2＋一般×3＋比较满意×4＋很满意×5）/5

计量单位:%

数据来源：通过抽样调查获得

二、社会管理（9个）

11. 每万人社会组织数

指在一定时期内，本地区常住人口中每万人拥有社会组织（包括社会团体、民办非企业单位、基金会）数量。是一个地区社会力量参与社会建设的重要标志。

计算公式：= $\dfrac{\text{社会组织数}}{\text{本地区常住人口总数（万人）}}$

计量单位：个

数据来源：民政局

12. 每万人就业劳动者劳动争议案件数

指在一定时期内，劳动关系的双方当事人之间因劳动权利和义务而发生纠纷引发的诉讼案件数与本地区二、三产业就业劳动者人数之比。是一个地区劳动关系和谐状况的重要标志。

计量公式：$\dfrac{\text{劳动争议案件数}}{\text{本地区二、三产业就业劳动者人数（万人）}}$

计量单位：件

数据来源：人社局、总工会

13. 信访案件结案率

指在一定时期内，本地区信访案件结案数与信访案件受案数之比。是一个地区社会稳定状况的重要标志。

计量公式：= $\dfrac{\text{信访案件结案数}}{\text{信访案件受案数}} \times 100\%$

计量单位：%

数据来源：信访局

14. 食品、药品抽检合格率

指在一定时期内，本地区食品、药品抽检合格数与食品、药品抽检总数之比。是一个地区食品安全、药品安全状况的重要标志。

计量公式：$\dfrac{\text{食品、药品抽检合格数}}{\text{食品、药品抽检总数}} \times 100\%$

计量单位：%

15. 亿元 GDP 安全生产事故死亡人数

指在一定时期内，每生产亿元国内生产总值而因各类生产事故造成的死亡人数。是一个地区安全生产状况的重要标志。

计算公式：$\dfrac{\text{生产事故死亡人数}}{\text{地区生产总值}(\text{亿元})}$

计量单位：人

数据来源：安监局

16. 每万人刑事案件立案数

指在一定时期内，本地区常住人口中每万人发生的刑事案件立案件数。是一个地区社会稳定、社会秩序的重要标志。

计算公式：$= \dfrac{\text{刑事案件立案数}}{\text{本地区常住人口总数}(\text{万人})}$

计量单位：件

数据来源：公安局

17. 居民对社会治安满意度

指在一定时期内，居民对社会安全、人身安全等状况的评价。

计算公式：（很不满意×1＋不大满意×2＋一般×3＋比较满意×4＋很满意×5）/5

计量单位:%

数据来源：通过抽样调查获得

18. 居民对保护环境满意度

指在一定时期内，居民对生活环境、生态环境的评价。

计算公式：（很不满意×1＋不大满意×2＋一般×3＋比较满意×4＋很满意×5）/5

计量单位:%

数据来源：通过抽样调查获得

19. 居民对交通状况满意度

指在一定时期内，居民对交通出行的评价。

计算公式：（很不满意×1＋不大满意×2＋一般×3＋比较满意×

4 + 很满意 × 5）/5

计量单位:%

数据来源：通过抽样调查获得

三、社会结构（5 个）

20. 城镇化率

指在一定时期内，居住在城镇范围内的全部常住人口占本地区全部常住人口的比重。反映一个国家或地区社会结构变迁的重要标志，是世界各国在现代化过程中的一个重要特征。世界发达国家城镇化率基本在 70% 以上。

$$计算公式：= \frac{城镇常住人口数}{本地区常住人口总数} \times 100\%$$

计算单位:%

数据来源：统计局、公安局

21. 第三产业从业人员占就业人员比重

指在一定时期内，第三产业从业人员数占三次产业从业人员总数的比例。反映一个国家或地区就业结构状况的重要标志，是产业结构优化的重要特征。

$$计算公式：= \frac{第三产业从业人员数}{三次产业从业人员总数} \times 100\%$$

计量单位:%

数据来源：统计局

22. 城乡收入比

指在一定时期内，城镇居民人均可支配收入与农村居民人均纯收入之比。是一个地区城乡初次分配贫富差距的重要标志。

$$计算公式：= \frac{城镇居民人均可支配收入}{农村居民人均纯收入} \times 100\%$$

数据来源：统计局

23. 恩格尔系数

指食物支出金额占消费性支出总额的比重。反映一个国家或地区消费结构的变化状况和居民生活水平。系数越小，生活水平越高。根据联合国粮农组织提出的标准，恩格尔系数在59%以上为贫困，50%～59%为温饱，40%～50%为小康，30%～40%为富裕，低于30%为最富裕。是一个地区贫富程度的重要标志。

计算公式：$= \dfrac{食品支出总额}{消费性支出总额} \times 100\%$

由于我国目前对恩格尔系数的测算是在城镇和农村分别进行（人口比重按常住人口计算）。总的恩格尔系数可参照以下公式测算：

计算公式 = 城镇恩格尔系数 × 城镇人口所占比重 + 农村恩格尔系数 ×（1 - 城镇人口所占比重）

计量单位:%

数据来源：统计局

24. 中产阶层占就业人口的比重

中产阶层主要来源于中层党政干部、中小企业主、中下层经理人员、专业技术人员、办事人员，以及一部分经营较大的个体工商户和商业服务业以及第二产业中的中下层管理员工等。在成都市这些群体合计占到34.4%左右。

计量单位:%

数据来源：通过抽样调查获得

四、社会规范（4个）

25. 居民对惩治腐败满意度

指在一定时期内，居民对政府惩治腐败问题的评价，是政府规范的重要标志。

计算公式：（很不满意 ×1 + 不大满意 ×2 + 一般 ×3 + 比较满意 ×

4 + 很满意 × 5）/5

计算单位:%

数据来源：通过抽样调查获得

26. 公众对司法公正满意度

指在一定时期内，居民对司法公正的满意程度，是法治环境的重要标志。

计算公式：（很不满意 × 1 + 不大满意 × 2 + 一般 × 3 + 比较满意 × 4 + 很满意 × 5）/5

计算单位:%

数据来源：通过抽样调查获得

27. 公众对干部作风满意度

指在一定时期内，居民对干部作风的满意程度，是党政干部素质的重要标志。

计算公式：（很不满意 × 1 + 不大满意 × 2 + 一般 × 3 + 比较满意 × 4 + 很满意 × 5）/5

计算单位:%

数据来源：通过抽样调查获得

28. 居民对社会诚信关系的满意度

指在一定时期内，居民对社会诚信关系的满意程度，是社会规范的重要标志。

计算公式：（很不满意 × 1 + 不大满意 × 2 + 一般 × 3 + 比较满意 × 4 + 很满意 × 5）/5

计算单位:%

数据来源：通过抽样调查获得

附录 E:

Lisrel 8.8 输出的结构方程模型程序代码

DA NI = 12 NO = 2000 MA = KM

KM SY

1

. 4981

. 512. 6151

. 465. 431. 5261

. 477. 440. 547. 4641

. 462. 485. 502. 484. 4791

. 440. 466. 479. 443. 477. 6061

. 390. 408. 411. 419. 410. 478. 4831

. 413. 462. 468. 492. 457. 544. 511. 4321

. 469. 494. 509. 537. 484. 557. 534. 462. 7121

. 462. 502. 534. 562. 477. 572. 550. 506. 677. 6631

. 418. 411. 463. 550. 435. 466. 456. 381. 422. 507. 4701

MO NY = 12 NE = 3　NK = 1 LY = FI GA = FI

PA LY

5 （1 0 0）

3 （0 1 0）

4 （0 0 1）

VA 1 GA 1 1

FR GA 2 1 GA 3 1

PD

OU MI SS SC

附录 F：

地方政府社会建设客观绩效评价指标权重确定专家调查问卷

尊敬的老师：

您好！

我们正在进行一项"地方政府社会建设绩效评价指标体系的研究"课题的研究工作，为确保指标体系的科学性，特向您咨询我们初步设计的指标体系的合理性与可行性，请您对各项指标的重要程度提出建议。谢谢您在百忙之中给我们提供宝贵意见。

问卷调查内容：

1. 社会建设指标维度包括：　　　A1 民生社会事业

A2 社会管理

A3 社会结构

（社会规范由主观指标构成）

请根据重要性的差异两两比较社会建设指标构成要素，在符合您认为的框中打上"1"。

例：若认为 A2 社会管理比 A1 民生社会事业要对社会建设而言稍重要，则请您在比较要素为"A1 A2"这行的"后者比前者"与"稍重要"栏下的框中打上"1"。

例表　填写示例

比较要素	前者比后者	后者比前者	同重要	稍重要	重要	很重要	极重要
A1　A2		1		1			

表 A　社会建设构成要素的两两比较判断

比较要素	前者比后者	后者比前者	同重要	稍重要	重要	很重要	极重要
A1　A2							
A1　A3							
A2　A3							

2. 民生社会事业指国家为了社会公益目的，由国家机关或其他组织举办的从事教育、科技、文化、卫生、社会保障等活动。我们认为民生社会事业的构成要素包括：

B1 每万人发明专利数

B2 每万人大学学历数

B3 每万人执业（助理）医师数

B4 城乡居民养老保险覆盖率

B5 每千名老年人享有社会养老机构床位数

请根据重要性的差异两两比较民生社会事业的构成要素，在符合您认为的框中打"1"

表 B　民生社会事业构成要素的两两比较判断

比较要素	前者比后者	后者比前者	同重要	稍重要	重要	很重要	极重要
B1　B2							
B1　B3							
B1　B4							
B1　B5							
B2　B3							
B2　B4							
B2　B5							
B3　B4							
B3　B5							
B4　B5							

3. 社会管理主要是政府和社会组织为促进社会系统协调运转，对

社会系统的组成部分、社会生活的不同领域以及社会发展的各个环节进行组织、协调、监督和控制的过程。我们认为社会管理的构成要素包括：

C1 每万人社会组织数

C2 每万人劳动争议案件数

C3 信访案件结案率

C4 食品、药品抽检合格率

C5 亿元 GDP 安全生产事故死亡人数

C6 每万人刑事案件立案数

请根据重要性的差异两两比较社会管理的构成要素，在符合您认为的框中打"1"

表 C 社会管理构成要素的两两比较判断

比较要素	前者比后者	后者比前者	同重要	稍重要	重要	很重要	极重要
C1　C2							
C1　C3							
C1　C4							
C1　C5							
C1　C6							
C2　C3							
C2　C4							
C2　C5							
C2　C6							
C3　C4							
C3　C5							
C3　C6							
C4　C5							
C4　C6							
C5　C6							

4. 社会结构是指资源与机会在社会成员间的组成方式与关系格

局。我们认为社会结构的构成要素包括：

D1 城镇化率

D2 第三产业从业人员占三产就业人员比重

D3 城乡收入比

D4 恩格尔系数

D5 中产阶层占就业人口比例

请根据重要性的差异两两比较社会结构的构成要素，在符合您认为的框中打"1"

表 D 社会结构构成要素的两两比较判断

比较要素	前者比后者	后者比前者	同重要	稍重要	重要	很重要	极重要
D1 D2							
D1 D3							
D1 D4							
D1 D5							
D2 D3							
D2 D4							
D2 D5							
D3 D4							
D3 D5							
D4 D5							

附录 G：

成都市社会建设指标方案

为积极响应国家和四川省有关社会建设文件精神，认真贯彻落实中共成都市委、成都市人民政府关于加强社会建设的决议（成发〔2011〕1号），继续落实统筹城乡，谋划共创共享战略发展思路，推进社会建设取得新进展，适应成都市政府社会建设绩效考核新思路，特制定成都市政府社会建设指标体系设计方案。

一、指导思想

高举中国特色社会主义理论伟大旗帜，深入贯彻落实科学发展观，认真贯彻落实党中央和四川省委关于加强社会建设的有关指示精神，紧紧围绕全面建设小康社会总目标，牢牢把握"四位一体"发展的总体要求，继续深化统筹城乡一体化，努力推进以民生、社会事业发展为突破口，以完善社会规范为整合基础，以创新社会管理为重点，以调整和优化社会结构为核心，开创西部第一、全国领先的成都特色社会建设新局面。

二、社会建设内涵

社会建设是适应国家或地区由农业农村的传统社会向工业化城市化的现代社会转变，坚持以人为本，促进资源和机会合理、公平配置，科学规划以有利于改善民生社会事业，创新社会管理，优化社会结构，社会更加规范，深化社会体制改革等领域建设，建立新的社会秩序和社会进步的社会行动与过程，实现社会现代化。

三、指标设计思路

根据社会建设的阶段性特征以及全域成都统筹城乡一体化基本特色为前提，认为民生社会事业是社会建设基础，社会管理是社会建设的基本手段，社会结构是社会建设核心任务，社会规范是社会建设的整合方式。

民生社会事业：一般民生事业包括衣食住行，社会保障等；社会事业包括科教文卫体。

社会管理：包括社会组织及志愿服务、社会治安、社会安全、社会信息化等。

社会结构：包括城乡结构、收入分配结构、阶层结构、就业结构等。

社会规范：包括法制环境、政府规范、民主环境、企业诚信等。

四、指标设计原则

1. 科学性原则。社会建设系统是由民生社会事业、社会管理、社会结构、社会规范等方面的子系统综合集成的，各个子系统必须通过一些相应的评价指标才能反映出来，这就要求建立的社会建设评价指标体系具有广泛的覆盖面，能够充分反映社会建设系统性特征。同时，指标体系中的每个具体指标都不是简单的累积，而是经过科学的方法进行筛选，并且每个指标要素都能充分反映社会建设的某一重要方面。

2. 可操作性原则。社会建设指标体系的基本用途是为了在政府绩效评价实践中得到应用。这就要求建立的指标体系具有可行性和可操作性；指标设计先进、科学、合理；指标数据易采集、可量化；指标应用有实效。

3. 引导性原则。社会建设指标体系的直接目的是改进政府绩效评价，使各级政府社会建设工作落实到政绩考核中，建立科学的政府绩效评价体系和经济社会发展综合评价体系，引导各级政府将社会建设摆在重要的地位；为加强社会建设，协调、平衡经济社会发展，化解社会矛盾，促进社会管理创新，构建和谐社会打基础。

五、指标设计依据

指标设计依据遵循指标设计原则，从建立指标库、指标筛选、指标实效性、目标值确定等步骤科学进行。具体步骤如下。

1. 建立指标库

通过对全面小康社会指标体系、和谐社会指标体系、生活质量指标评价体系、英格尔斯现代指标体系、政府绩效评价指标体系、全国部分地区现代化指标体系、世界银行指标体系等指标参考系的收集、整理，建立若干个社会建设指标体系库。此外，为适应实际需要创新构建了一些指标。

2. 指标筛选

根据建立的若干个社会建设相关指标，以专家咨询问卷和座谈会等形式，征求各个指标的可行性。最终筛选出30个最为理想的评价指标构成社会建设评价指标体系。

3. 指标实效性

为确保指标具有可操作性，将专家筛选过的社会建设指标向各相关委办局征求意见，使设计指标与部门实际工作相切合，最终确定社会建设指标体系。

4. 目标值确定

目标值确定根据市"十二五"规划工作要求，以及调查问卷和统计年鉴等材料反映出来的数值推算而得。

成都市社会建设指标体系（2010～2015）

领域	序号	具体指标	单位	2010年值	2015年值	工作责任单位	统计责任单位	指标类型
民生社会事业	1	民生投入占一般财政预算支出比例	%	47.28	55	各区（县市）、市发改委、财政局等部门	市财政局	考核指标
	2	每万人大学学历人数（大专以上）	人	1666.7	2000	各区（县市）、市教育局	市统计局	监测指标
	3	人均受教育年限	年	9.3	10	各区（县市）、市教育局	市统计局	监测指标
	4	学前教育入园率	%	95	≥98	各区（县市）、市教育局	市教育局	考核指标
	5	高中阶段毛入学率	%	90	≥96	各区（县市）、市教育局	市教育局	考核指标
	6	每万人发明专利数	件	3.6	≥6	各区（县市）、市科技局	市统计局、市科技局	考核指标
	7	居民预期寿命	岁	77.02	78.5	各区（县市）、市卫生局、市人口计委	市统计局	监测指标
	8	每万人执业（助理）医师数	人	25.14	≥30	各区（县市）、市卫生局	市卫生局	考核指标
	9	每万人医院和卫生院病床数	张	49.14	≥55	各区（县市）、市卫生局	市卫生局	考核指标
	10	城乡养老保险覆盖率	%	35	≥98	各区（县市）、市人保局	市人保局	考核指标
	11	新增保障性住房面积	万平方米	—	≥2000	各区（县市）、市房管局	市房管局	考核指标
	12	每千名老年人社会养老机构床位数	张	39.12	≤42	各区（县市）、市民政局	市民政局	考核指标
	13	城乡恩格尔系数	%	39.25	≤37.5	各区（县市）、市发改委	市统计局	监测指标
	14	公共交通出行分担率	%	—	≥30	各区（县市）、市交委、市交管局	市交委	考核指标
社会管理	15	每万人社会组织数	个	4.04	≥10	各区（县市）、市民政局	市民政局	考核指标
	16	每万人持证社会工作者数	人	0.37	≥12	各区（县市）、市民政局、市人保局	市民政局	考核指标
	17	每万人志愿者登记数	人	—	—	各区（县市）、市团委、市民政局、市文明办、	市团委	考核指标

续表

领域	序号	具体指标	单位	2010年值	2015年值	工作责任单位	统计责任单位	指标类型
社会管理	18	每万人劳动争议案件数	件	14.5	≤10	各区（县市）、市人保局、市工会	市人保局	考核指标
	19	每十万人交通、火灾事故死亡人数	人	5	≤4	各区（县市）、市交通局、市公安（消防）	市交通局、市公安（消防）	考核指标
	20	亿元GDP安全生产事故死亡人数	人	0.14	≤0.1	各区（县市）、市安监局	市安监局	考核指标
	21	每万人刑事案件立案数	件	41.02	≤38	各区（县市）、市公安局	市公安局	考核指标
	22	居民对社会治安状况满意度	%	71.18	≥75	各区（县市）、市公安局、综治委	第三方测评	考核指标
	23	信访案件回访满意度	%	—	≥70	各区（县市）、市"大调解"办、市法院、市检察院、市信访局、市政法委	第三方测评	考核指标
	24	居民对食品药品安全状况满意度	%	50.7	≥70	各区（县市）、市政府法制办、市监管局、市司法局	第三方测评	考核指标
	25	居民对环境卫生满意度	%	70.56	≥75	各区（县市）、市环保局	第三方测评	考核指标
	26	社会信息化率（互联网上网用户数）	%	45	≥65	各区（县市）、市经信委	市经信委	考核指标
社会结构	27	城市化率	%	65.51	≥70	各区、统筹委	统计局	考核指标
	28	中产阶层占就业人口比重	%	34	≥40		第三方测评	监测指标
	29	城镇登记失业率	%	2.53	<4	各区（县市）、市人保局	市统计局	考核指标
	30	城乡收入比（农村为1）	—	2.54	≤2	各区（县市）、市发改委、统筹委	市统计局	考核指标
	31	第三产业从业人员占就业人员比重	%	46.5	≥54	各区（县市）、市发改委、统筹委、人保局	市统计局	考核指标

续表

领域	序号	具体指标	单位	2010年值	2015年值	工作责任单位	统计责任单位	指标类型
社会规范	32	居民对法治环境的满意度	%	65.0	≥70	各区（县市）、市人大法工委、市法制办、市司法局	第三方测评	考核指标
	33	居民对司法公正满意度	%	66.7	≥70	各区（县市）、市法院、市检察院	第三方测评	考核指标
	34	居民对干部作风满意度	%	66.2	≥70	各区（县市）、市组织部、市监察局、市纪检委	第三方测评	考核指标
	35	议事会的居民参与率	%	60.4	≥80	各区（县市）、市委组织部、市民政局、市编办、市农委、市统筹委	第三方测评	考核指标

注：2015年指标值主要由成都市"十二五"规划、成都市社会建设五大实施纲要、第六次人口普查、问卷调查、统计年鉴等资料得出。监测指标由第三方测评机构设计、测量。

附录 H：

成都市社会建设调研过程

2011 年，是成都市在全国率先开展统筹城乡综合配套改革的第8 个年头。为积极响应国家和四川省有关加强社会建设文件精神，2011 年 1 月 4 日，中共成都市委、成都市政府颁布了《关于深化社会体制改革 加快推进城乡社会建设的意见》（成发〔2011〕1 号）。成都市委、市政府立足于统筹城乡经济社会发展的基础上，深化城乡社会体制改革，开创社会建设新局面。2011 年 3 月 28 日，成都市委、市政府邀请著名社会学家、中国社会科学院荣誉学部委员陆学艺教授共商"十二五"期间成都市社会建设发展规划，聘请陆学艺教授为成都市社会建设专家咨询小组首席专家，以成都市社会科学院为研究基地，合作开展成都市社会建设规划研究，特别是要对2003 年以来成都市统筹城乡经济社会发展进行全面调查研究，以社会建设的高度做出系统总结。双方达成研究提交"成都市社会建设规划意见""成都市社会阶层报告""成都市社会建设指标体系"等几项议题，并就具体情况开展调查研究。

经过酝酿协调，以中国社会科学院社会学研究所"当代中国社会结构变迁研究课题组"业务骨干为主，以陆学艺教授为课题组组长，联合成都市社会科学院、成都市委宣传部社会办、北京工业大学、国家行政学院、农业部农村经济研究中心等机构成员组成课题组，筹划调研内容与过程。课题组之所以能欣然接受这项任务，主要基于三点考虑：一是自从 2003 年成都市开展统筹城乡综合配套改革以来，课题组组长陆学艺先生先后 4 次受邀到成都讲课和调研，一直与成都保持着良好的合作关系。二是自从 2003 年以来，成都坚持不懈地推进统筹城乡经济社会发展，到 2011 年已经是第 8 年，而且仍在深入推进，在这 8 年中，成都市民生社会事业取得巨大进步，社会管理不断创新，社会结构不断优化，社会规范不断加强，成为以统筹城乡为基础平台、经济社会各项建设事业加速发展的好时期；最重要的是，成都 8 年实践对于全国其他地区加强社会建设具有较强的示范拉动作用。三是课题组的主要成员，自 1998 年以来，长期从事社会阶层、社会流动、社会结构、社会建设等方面的调查研究，特别是课题组组长陆学艺教授，与时俱进，紧抓时代脉搏，不断洞察和解析国家社会发展进程中的重大现实社会问题。正是具备了这样的基础和条件，双方达成了诸多共识。

这里，需要强调的是，以往课题组调查研究主要集中在社会阶层、社会流动、社会结构方面。从 2004 年，党的十六届四中全会提出社会建设之后，课题组就开始重点致力于社会建设方面的研究，取得了《北京社会建设 60 年》《当代中国社会建设》等系列成果，但是对西部地区，而且在全国率先开展统筹城乡综合配套改革的特大型城市开展社会建设方面的调查研究还是空前的，制定社会建设规划更是一项崭新的研究。此外，成都市 8 年的统筹城乡经济社会发展取得的实践成果很多，学者研究的理论成果也很丰富。因此，在这样的条件下，系统总结和高度概括成都统筹城乡的成功经验，深入剖析所面临问题，并在此基础上提出未来社会建设发展的思路，无疑是一项重要的、富有挑战性的探索工作。

做调查研究，关键是要找准对象、摸清情况，掌握全面而系统的客观事实，否则调查结论将是无根之水，无本之木。根据以往调查经验，结合成都市实际，课题组做了周密的部署与安排。

自从 2011 年 3 月接受此项任务之后，4 月 8 日课题组在中国社会科学院召开了动员会，并就先期理论准备、文献准备和方案设计等工作做了部署，同时与负责课题协调工作的成都市社会科学院商定调研的具体日程安排。4月17日课题组开始正式调查研究，8月4日结束调研工作。此外，11月15日到22日课题组就完成的规划建议稿征求成都市相关部门意见。从接受此项任务到任务结束，课题组先后5次前往成都，在成都调研时间近70天。课题组通过与相关部门座谈、各级干部和不同阶层群体访谈、查阅文献档案资料、问卷调查以及去部分区市（县级市）县实地走访调研等方式，多方面、多层次、多角度地观察，收集社会建设方面的实地材料，为制定科学的社会建设规划提供丰富翔实的资料，具体完成了《成都市社会建设规划建议》《成都市社会阶层调查报告》《成都市社会建设指标考核体系》3份报告，主要调查研究过程包括以下几个阶段。

（1）部门座谈。2011年4月17日课题组成员一行13人到达成都，18日正式开始部门座谈，4月30日回京，完成第一阶段部门座谈任务。在此期间，先后与成都市政法委、民政局、司法局、市编办、发改委、市委政研室、规划局、人社局、卫生局、文化局、教育局、房管局、公安局、统筹委、财政局、组织部、团市委、市社科院、市委党校等20多个市属委、局、办等部门座谈。通过部门座谈，课题组成员了解了相关部门的具体职能，各部门在统筹城乡经济社会发展过程中取得的业绩、面临的问题，以及新时期对社会建设这项工作的认识和看法。这种调研方式，可以更好地与社会建设各领域结合，大致掌握民生事业、社会事业、社会管理、社会结构、社会规范、社会体制等方面的轮廓。座谈采取双方互动方式，以便课题组成员更加透彻、细致地了解实际情况，捕捉成都市未来在社会建设进程中真正需要解决的症结。

（2）领导和专家学者座谈。这一阶段是从2011年5月23日到5月27日。在此期间，课题组邀请了成都市四大班子领导、发改委、统筹委、市委组织部、教育局、市委政研室、四川省社会科学院学术顾问、四川省社科院社会学所、成都大学、成都市社会科学院、成都日报社等部门领导同志和专家学者座谈。来自不同领域的领导同志和专家学者以西部大开发、灾后重建等不同背景讲述成都在统筹城乡的方针政策指导下，经济社会发展中发生的变化、取得的成绩、存在问题和未来的打算。这一阶段的领导座谈使课题组更加全面、透彻地了解和掌握了成都市自从 2003 年统筹城乡以来，城乡经济社会发展变迁过程、取得的成就、统筹城乡过程中遇到的问题、面临的实际困难，以及各位领导同志和专家学者寻求这些问题的破解之道。同时，使课题组更多地掌握成都统筹城乡经济社会发展的闪光之处，也是对第一个阶段部门座谈的查缺补漏，为制定社会建设规划开阔了思路。

（3）区县街道/乡镇调研与座谈。这一阶段是与上述两个阶段穿插进行的。课题组选择了几个典型的区市（县级市）县、乡镇、社区（村委会）和企业，同这些机构的负责人进行座谈，同时，在实地考察过程中直接走到百姓家中观察访谈。通过这一阶段的实地调研、考察、座谈、访谈，课题组真切地了解了基层社会运行机制和不同区域经济社会发展概况，体验了当地的风土人情，了解了当地百姓的生产生活面貌，以及不同阶层群体的实际所需。考察地区包括锦江区东光街道；高新区肖家河街道、高新区正街社区、高新区金科苑社区；武侯区簧门街社区；金牛区西北街社区、金牛区金科苑社区；龙泉驿区龙华社区、龙泉驿区滨河社区、龙泉驿区丽阳社区、龙泉驿区敬老养老中心、龙泉驿区市民服务中心、龙泉驿区残疾人服务中心和神钢集团、龙泉驿区一汽大众、一汽丰田、龙华二期、高源汽车有限公司、金凤凰工程；郫县犀浦镇珠江路社区和五粮村居民集中居住区、郫县古城镇花牌村农民自主集中居住区、郫县富士康员工集中居住区；都江堰市金陵花园社区、都江堰市议事会发源地鹤鸣村；邛崃市羊安镇仁和社区福利建设。

（4）个案访谈。根据研究问题需要，5月24日至25日，课题组部分成员进行了不同阶层群体的个案访谈。访谈了乡镇卫生院、学校、村镇负责人、农户、下岗工人、农民工等机构和个人。在个案访谈过程中，课题组既了解了不同阶层群体个人历程，家庭成员构成，收入和就业状况，就医、就学、住房、社保等民生状况，倾听了他们对社会的态度以及生活中的喜怒哀乐；同时，课题组成员也在个案访谈过程中发现了很多珍贵的数据材料，如农村议事会成员对"农村公共服务和社会管理专项资金"的使用的表决手印、农民手中的"五证一卡"、医疗保险报销单据、义务教育阶段收费单据、民居住房改造、财务公开等资料。这些个案访谈和数据材料为总结成都市统筹城乡经济社会发展取得的成绩和面临的问题提供了可靠参考。

（5）问卷调查。为了更好地了解成都市城乡居民对社会建设的意见和看法、成都市社会阶层结构状况，以及不同社会阶层群体面临的问题等，由中国社会科学院社会学研究所联合成都市社会科学院共同设计了"成都市社会建设状况调查问卷"。问卷调查分为抽样、试调查、调查员培训、正式调查、问卷审查等部分。第一，抽样过程。根据成都市各区人口结构及区域特征，按PPS（概率比例规模抽样）抽样方法，分区、街道、乡镇、社区、村，共抽取成都市2000户家庭作为样本框，年龄在18周岁至69岁，共涉及10个区市（县级市）县，其中成华区、武侯区、金牛、青羊区、龙泉驿区、新津县各200份；锦江区、高新区各100份；都江堰市、双流县各300份。10个区市（县级市）县的抽取完全体现"全域成都"的区域划分，以及不同相关利益者对社会建设情况的反映，样本有较好的代表性。调查对象选取应用 Kish（Kish Gird sampling）表入户选样，直接访问被访者本人相结合的方式。"成都市社会建设状况调查问卷"共发放调查问卷 2000 份，回收有效问卷 2000 份。第二，试调查。2011 年 5 月 23 日进行了问卷试调查，之后根据试调查问卷中存在的问题进行了问卷修正。第三，调查员培训。5 月 30 日在成都市社会科学院会议室，对 100 名调查员和 10 名督导进行了系统的培训，包括抽样方式、表达方式、编码方式等，并布置了调查工作。第四，正式调查。根据分组情况，分赴各自调查点，正式调查时间从 2011 年 6 月 1 日正式开始，6 月 15 日顺利结束，历时 15 天。第五，问卷审查。课题组抽出部分人员专门对调查员返回完成调查问卷进行细致检查，发现问题及时与调查员进行核实。问卷调查团队由中国社会科学院社会学研究所、成都市社会科学院、北京工业大学、四川大学师生共同组成，调查员由四川大学、四川省社会科学院 100 名研究生组成，每组 10 人分为 10 个小组，每组配备一名老师作为督导，负责一个调查区域。在调研过程中，课题成员也一同参与走村（居）入户的调研，这样不仅可以直接督导调查员，获得翔实有效的数据，而且还可以真切体会百姓心声，观察百姓生活、居住等基本状况，这对后期的研究和写作增添了丰富的数据和鲜活的实例。问卷调查所获数据在《成都市社会建设规划建议》《成都市社会阶层调查报告》《成都市社会建设指标体系》中得到了充分的运用。

调查过程丰满，数据翔实，课题组对成都市自 2003 年实行统筹城乡综合配套改革以来，政治、社会、经济、文化等建设方面发生的变迁有了一个全面而系统的了解。正是在这样的基础上，2011 年 11 月 15 日，《成都市社会建设规划建议》《成都市社会阶层调查报告》《成都市社会建设指标体系》3 份报告初稿得以顺利完成。2011

年 11 月 15 ~ 22 日，课题组在组长陆学艺教授的带领下第 4 次前往成都，听取相关部门对三项研究成果的反馈意见。

2012 年 1 月 6 日将修改后的成果提交给成都市委宣传部社会办，此项任务暂时告一段落。成果得以顺利完成，是在课题组组长陆学艺先生带领下，倾注了他和每位课题组成员的智慧和汗水。在调研过程中，在每天座谈、走访、考察、访谈结束之后，每晚或闲余时间都要召开课题组内部讨论会，总结收获，拓展思路，挖掘问题，进行激烈的讨论，碰撞出创造力的火花，最终形成以上三项创新性成果。在调研过程，陆学艺教授根据自身敏锐的洞察力，远见卓识，先后提出的"城市社区治理机制"和"成都市社会建设若干思考和建议"得到了成都市委、市政府有关方面的充分肯定。

课题组主要成员：陆学艺、蒋中一、纪坡民、戴建中、石秀印、樊平、高鸽、王春光、李春玲、陆雷、张林江、张宏明、赵卫华、李晓婷、胡建国、杨桂宏、颜烨、谢振中、李升、李晓壮、周艳、白素霞。

参考文献

中共中央文献研究室编《习近平关于社会主义社会建设论述摘编》，中央文献出版社，2017。

陆学艺主编《当代中国社会建设》，社会科学文献出版社，2013。

陆学艺主编《当代中国社会结构》，社会科学文献出版社，2010。

陆学艺：《陆学艺文萃》，生活·读书·新知三联书店，生活书店出版有限公司，2019。

李晓壮：《迈向均衡型社会——2020北京社会结构趋势研究》，中国社会科学出版社，2015。

陆学艺主编，钱伟量执行主编，李君甫、李晓壮副主编《延庆调查——县域社会建设考察报告》，社会科学文献出版社，2018。

后 记

中国特色社会主义已经进入新时代，社会建设也进入新的发展阶段。回想起恩师陆学艺先生晚年的十余年中一直非常执着、不遗余力地研究社会建设、呼吁社会建设、实践社会建设等，为中国社会建设的理论与实践作出了重大贡献①。

例如，2010 年 3 月至 7 月，陆学艺先生受时任中共北京市委常委、统战部部长牛有成同志的嘱托，对北京延庆进行调查，研究社会建设规划问题，最终形成中国首部县域社会建设规划。作为课题组成员，笔者借助中共北京市委组织部、北京市教育委员会首都高校博士挂职团的机会，于 2010 年 8 月至 2011 年 1 月在延庆社会建设工作办公室、延庆社会建设委员会挂职书记主任助理，承担社会建设相关实务工作。课题组在延庆调研成果于 2018 年出版——《延庆调查——县域社会建设考察报告》，这是中国第一部以县域为单元的、对社会建设进行系统调查的研究报告。又如，2011 年 3 ~ 7 月，陆学艺先生又带领课题组转战成都，在市域层面探索、思考社会建设理论与实践问题，作为课题组成员全程参与此次成都市社会建设调查研究。再如，2010 年 10 月，随恩师陆学艺先生前往南京参加长三角一体化论坛，

---

① 在编辑陆学艺先生的全集过程中，涉及"社会建设"的理论文章有 196 篇，时间跨度从中央提出"社会建设"概念的 2004 年到他仙逝时的 2013 年。

其间的 10 月 29 日，在南京陆学艺先生拜访了理论家胡福明先生，而探讨的主题就是社会建设理论问题，等等。在对中国社会建设理论与实践进行深入思考后，2011 年陆学艺先生提出"社会建设就是建设社会现代化"的重大论断，明确指出了社会建设目标的终极方向。

作为恩师陆学艺先生的学生，一名初学者，正是受到先生的感染、激励，一直沿着先生"举而措之天下之民，谓之事业"的精神指向，以己并不聪明的才智，借助恩师给予的智慧以及在他搭建的平台基础上积累的调查资料，进行市域地域单元的社会建设发展水平的探讨，也算是继承恩师的思想遗志。需要说明的是，本研究所使用的数据、支撑材料也均来自 2011 年跟随陆学艺先生在成都进行的成都社会建设调查课题。2011～2020 年已经经过将近两个五年的规划，一些读者一定会有疑问，这么长时间为什么才进行这样的工作？意义何在？这些基本的疑问在笔者写作过程中是有所考量的，而之所以进行这样的工作，主要是为了纪念与继承。纪念是因为，在笔者跟随陆学艺先生从事研究的学习过程中，这段经历是使学生养成调查研究、思考问题的一段重要经历；纪念是因为，在成都做调查的那段经历，从上到下，走村入户，切实感受到作为西部的城市，并不是想象中得那样落后，农村发生了翻天覆地的变化，以前以输出劳动力为主，当时已经开始回流，百姓的日子越来越好。为此，笔者思考应该为此留下点什么，作为一名哲学社会科学的实际工作者，著述便是实现这一目标的最好方式。继承是因为，"社会建设理论"是陆学艺先生一生中除"'三农'理论""社会结构理论"之外，又一重要理论贡献，这三个理论构成先生完整的思想理论体系，十分重要，需要继承和发扬；继承是因为，"社会建设理论"是先生晚年一直探索、研究、实践的学问，2004 年党的十六届四中全会提出社会建设概念，那年先生已经 71 岁高龄，直到先生仙逝的 2013 年，整整近十年都在关注这一重大问题，意义重大，需要继承和发扬。正因如此，笔者结合当时积累的资料，工作之余构思、写作，但由于生活和工作各方面原因，一直未抽出整段时间来完成此书稿，未能早日写成实属遗憾。2020年初突如其来的新冠肺炎疫情，打乱了人们正常的生活和工作秩序，笔者抓住居家办公的空档期，此书稿才得以完成。

在当时调查研究过程中，得到成都市社会科学院原副院长王苹给予的大力支持，保障了调研的顺利进行；得到成都市委宣传部社会办、成都市统计局、成都市社情民意调查中心等相关部门领导同志的帮助，正是在他们的帮助下，本研究所需要的数据才得以顺利获取。在此，对他们的热心支持和帮助一并感谢。中山大学政治与公共事务管理学院陈天祥教授，兰州大学中国地方政府绩效评价中心主任包国宪教授，中国农业大学朱启臻教授，北京工业大学经济与管理学院吴国蔚教授、杨松令教授以及中国社会科学院社会学研究所的唐钧教授，在笔者研究过程中给予了技术或理论的指导，感谢他们的热情指导。

学术研究追求一种规律化论证，应遵循实际，实事求是，而不是谋求自身的华丽装饰。谓之学术、谓之研究，终极皆为学以致用，而不是束之高阁，自娱自乐。恩师常常教导我们，学术研究最根本的意义在于谋求国家之兴盛，社会之进步，人民之福祉。在笔者看来，理论研究要为正确的构思和决策服务，才能让理论散发更加耀眼的光芒，才能让政策的实践更多惠及民生、增进福祉，这才是学术研究价值的最高体现。学为用之，学为意之。

仅以此书献给恩师陆学艺先生！

李晓壮

2020年6月于北京东城广内大街寓所

图书在版编目（CIP）数据

地方政府社会建设绩效评估：基于成都市的实例考
察／李晓壮著. -- 北京：社会科学文献出版社，
2020.9
ISBN 978 - 7 - 5201 - 7473 - 2

Ⅰ.①地… Ⅱ.①李… Ⅲ.①地方政府 - 社会发展 -
评价 - 成都 Ⅳ.①D625.711

中国版本图书馆 CIP 数据核字（2020）第 200012 号

地方政府社会建设绩效评估
——基于成都市的实例考察

著　　者／李晓壮

出 版 人／谢寿光
责任编辑／宋　静

出　　版／社会科学文献出版社·皮书出版分社（010）59367127
　　　　　地址：北京市北三环中路甲 29 号院华龙大厦　邮编：100029
　　　　　网址：www. ssap. com. cn
发　　行／市场营销中心（010）59367081　59367083
印　　装／三河市龙林印务有限公司

规　　格／开　本：787mm × 1092mm　1/16
　　　　　印　张：15.75　字　数：200 千字
版　　次／2020 年 9 月第 1 版　2020 年 9 月第 1 次印刷
书　　号／ISBN 978 - 7 - 5201 - 7473 - 2
定　　价／98.00 元